괜찮아, 겁내지마
널 지켜줄게

괜찮아, 겁내지마
널 지켜줄게

초판 1쇄 발행 2022년 2월 22일

지 은 이   최재영
발 행 인   권선복
편   집   권보송
디 자 인   김소영
전 자 책   오지영
마 케 팅   권보송
발 행 처   도서출판 행복에너지
출판등록   제315-2011-000035호
주   소   (157-010) 서울특별시 강서구 화곡로 232
전   화   0505-613-6133
팩   스   0303-0799-1560
홈페이지   www.happybook.or.kr
이 메 일   ksbdata@daum.net

값 20,000원

ISBN 979-11-5602-951-9 (03190)

Copyright ⓒ 최재영, 2022

도서출판 행복에너지는 독자 여러분의 아이디어와 원고 투고를 기다립니다. 책으로 만들기를 원하는 콘텐츠가 있으신 분은 이메일이나 홈페이지를 통해 간단한 기획서와 기획의도, 연락처 등을 보내주십시오. 행복에너지의 문은 언제나 활짝 열려 있습니다.

Right Here, Right Now,
Result Later.
끝날 때까지
끝난 게 아니다

최재영 지음

괜찮아, 겁내지마
널 지켜줄게

도서
출판 행복에너지

이제 추억에 깊게 한번 잠겨 보련다. 그때 그 시절. 그러므로 족보를 정한다거나, 서열 정리를 한다거나 나이를 상하 관계의 기준으로 삼는 생각들. 출판을 기획하고 한 것은 아니고, 그냥 내 삶의 중간 점검을 위해. 아직 아픈 상처가 진행 중인 것도, 앞으로 헤쳐나가야 할 것도 있지만, 모든 것이 만들어가는 과정이니깐.

나의 어린 시절은 덕진구 송천동에서 시작됐다. 어릴 적 우리가 곧잘 들었던 말이 있다.

"너는 ○○ 다리에서 주워왔단다. 말 안 들으면 다리 밑에 다시 데려다준다!"

내 또래의 친구들은 모두 ○○ 다리에서 선택받아 지금의 어머니 아버지 아래에서 자라는 줄 알았고, ○○ 다리는 가고 싶지 않은 공포의 대상으로 어린 마음에 자리 잡았다. 이제는 그 다리가 어떤 다리인 줄 알게 되었지만, 우리의 삶에는 이렇게 일찍이 삶의 해학이 자리 잡았던 것 같다.

결국 의미 있고 후회 없는 삶을 결정하는 것은 자기 자신이다. 보람도 행복도 여유도 즐거움도 건강도 살아가는 그 무엇이든 삶의 의미를 항상 생각하며 살아왔고 삶의 의미를 찾으며 살고 싶다. 슬플 때는 슬픔이 더는 느껴지지 않을 때까지 울기도 했고 내 삶이 왜 이렇고 어떻게 이럴 수 있는지 내가 뭘 잘못하고 살았는지 깊은 생각에 잠기기도 했다.

이 세상 사람 누구나 모두 행복한 삶을 원한다. 다양하게 지지고 볶으며 바쁘고 복잡하게 살지만, 모두가 하나의 본질적인 삶의 행복을 추구하며 사는 것은 다 똑같다. 소중한 인연을 맺은 모든 분과 사랑하는 사람에게 정말 고맙다는 말씀을 전하고 싶다.

삶을 피하지 말고 당당히 맞서라고….
삶은 당신을 속이는 법이 없다고….
당당히 맞서서 내 삶을 찾으라고….

한 번쯤은 내가 원하는 삶. 내가 꿈꾸는 삶을 살아도 되지 않을까? 한 번뿐인 인생이니까. 그래서 오늘 나는 꿈을 꾼다. 나의 꿈은 1st. 진지한 나의 꿈, 공장장이 되는 것.

'간장 공장 공장장은 강 공장장이고 된장 공장 공장장은 공 공장장이다.'

학생이나 젊은이들을 만나면 어떤 꿈이 있는지 물어보곤 한다. 꿈이란 무엇일까? 하고 싶은 것일까?

"우리가 자면서 꾸는 꿈, 미래에 자신이 하고 싶거나 되고 싶은 꿈."

단순히 말하면 하고 싶은 일을 하고 살아가는 것도 꿈을 이루었다고 표현할 수 있다. 그러나 나는 그렇게 생각하지 않는다.

나에겐 꿈이란 하고 싶은 일이기도 하겠지만, 나 자신을 버텨내게 하는 것이라고 생각한다. 꿈은 희망과 노력의 결실로 이루어진다고 굳게 믿는다. 그리고 그 꿈을 꿀 수 있기에 꿈 하나만 바라보며 진실로 인생이 힘들더라도 지치더라도 나를 살게 하는 원동력이 되는 것이다.

나는 꿈속에서 살았을 때가 가장 행복했다. 언제나 내가 되고자 하는 것을 생각하면서 기분 좋은 상상 속에서 살아온 것 같다. 하지만 나이가 들면서 현실이 다가왔을 때 예전의 매일매일 기대가 넘치고 설렘이 가득한 일상을 더는 느낄 수 없었다. 내게는 오늘 하루를 살아갈 힘을 내는 것이 가장 중요한 일이 되어버렸다. 매일 다음날의 현실을 살아갈 생각에 마음을 졸이며, 매일 자신을 현실의 강박에 밀어 넣으며 마음의 여유를 잃어버리곤 했다. 그러다 보면 점차 현실의 블랙홀처럼 헤매다가 꿈이 저 멀리 떠나갈 수도 있기에 '살아가게 하는 힘', 그것이 꿈이라고 생각한다.

나는 지치고 힘들고, 또한 죽고 싶을 때도 많았다. '내 삶이 의미 있는가?' '이 일을 계속해야 하나?' '나는 대체 무엇을 위해 사는 것일까?'라고 수없이 되묻기도 했다. 그리고 결단했다. "공장장! 그 꿈을 위해 살아가고 있구나." 그 꿈이 있기에 나는 오늘도 살아가고 있다.

삶을 살다 보면 조그마한 실수와 실패는 있기 마련이고, 이는 많은 사람이 경험하게 된다. 이렇게 작은 고난을 극복하고 꿈을 실현하는 것이 삶이다.

꿈은 조금 빨리 이룰 수도 있고, 천천히 이루어질 수도 있는데 과도한 집착으로 흥분하고, 참지 못하고, 스트레스를 느낄 때가 있다. 자신이 아는 것만, 자신이 살아온 인생만이 전부인 줄 알고 살아가는 사람들의 생각이 정답이 아니란 것을 말해주련다.

큰 꿈은 하루아침에 쉽게 이루어지는 것이 아니라, 원대한 목표를 갖고 소의 걸음처럼 뚜벅뚜벅 걸어가다 보면 언젠가 이루어지는 것이다. 삶이 계속되는 한 언제나 꿈이 있어야 한다. 한 단계를 이루고 나면 다음 단계의 목표를 생각해야 한다. 목표가 없고 꿈이 없으면 삶의 가치도 없어지는 것이다.

'이 순간부터 나는 새 출발이야. 내가 걸어왔던 지난날을 회상하면서 마지막은 새 출발을 얘기하며 희망차게 끝맺음으로 살아가는 거야.' 미래의 삶은 스스로 꿈꾸고 설계하고 만들어가야 한다.

세상에는 잘 드는 약처럼 고민을 덜어주는 책이 있다. 세상을 바라보는 방식을 바꾸고, 저와 비슷한 경험을 한 다른 분과 경험과 지식, 인생 이야기를 나누어 보는 시간을 가짐으로써 청소년들에게 간접 경험의 기회를 제공하고 자신의 미래를 설계하는 데에 도움을 줄 수 있길 바란다.

인생의 점이
모여 선이 되고
다시 그 선이
모여 이야기가 된다.

꿈을 이루고
자기 길을 가는 사람일수록
등고선의 굴곡이 심하다.

고통과 실패 속에서도
재기의 실마리를 잡고
삶을 고점으로
끌어올리는 것은
결국 자기 자신밖에 없다.

그 작은 시작은 너와 나의 이야깃거리. 어떤 이야기를 하면 좋을까? 나 자신을 되돌아보기 위해 이 작은 한 편의 구성이지만,

어린 시절부터 나는 어떤 일을 하든지 떳떳해지고 싶었다. 가족들에게, 주위 사람들에게, 그리고 나 자신에게 말이다.

나만의 쏘울이 무엇이었나
내 개성은 무엇이었나
꿈은 또 무엇이었나

가만히 생각해 보면 나만의 색깔로 산다는 게 쉽지만은 않지만, 그럼에도 불구하고 좀 더 나만의 색깔로 살고 싶다는 생각이 든다. 나는 10년 이내에 가천대 이길여 총장님처럼 마음이 힘든 사람을 위한 가슴 따뜻한 위로와 지치지 않는 열정으로 살아가고자 한다. 현실에 안주하지 않고 어딘가에서 빛이 될 나만의 장기를 만들고 함께 고민하고 위로하며 힘이 되고 서로서로 멘토가 되는 따뜻한 대한민국의 일원이 되고 싶다.

이 책을 나의 부모님이신 최정기, 김순이 여사, 우리 가족들, 그리고 저자를 아는 모든 이에게 바친다.

김기포 목사
(포항명성교회 담임목사, 대경일보 칼럼니스트)

먼저 최재영 님의 저서 『괜찮아, 겁내지 마 널 지켜줄게』 출판을
진심으로 축하드립니다.

최재영 님은 집념이 강한 분입니다. 그는 황무지에서 초원을 발
견하고 향기로운 꽃을 발견하는 열린 마음을 가진 분입니다. 그리고
항상 긍정적이고 창의적인 생각을 하는 열정적인 분입니다. 그래서
그는 無에서 有를 창조할 줄 아는 끈기와 인내의 사람이자 21세기를
준비하는 이 시대의 개척자적인 마인드를 가진 분입니다. 어쩌면 이
책은 저자가 실패와 좌절 가운데서 포기하지 않고 그 실패의 경험을
플러스적인 발상으로 승화시킨 작품이기에 많은 독자에게 적극적으
로 추천하고 싶습니다.

논어에서는 가장 바람직한 사람, 즉 가장 이상적인 사람에 대해서
이렇게 표현합니다. "윗사람에게는 무엇이든지 안심하고 맡길 수 있

는 사람이 되어야 하고, 친구에게는 무조건 믿을 수 있는 친구가 되어야 하고, 아랫사람에게는 믿고 따라갈 수 있는 사람이 되어야 한다. 이것이 이상적인 사람이다."

또한 미국의 작가이자 강연자인 지그 지글러는 "자기 자신을 믿고 큰 꿈을 꾸면 이루지 못할 것이 없다"라고 했습니다.

자신이 하는 일에 의미를 부여하고 자신이 하는 일에 신념을 가진 사람은 행복한 사람입니다. 왜냐하면 신념은 자신 있게 살려고 하는 사람에게 손을 잡아주지만, 아무것도 하지 않는 사람에게는 손을 잡아주지 않기 때문입니다. 이 책 『괜찮아, 겁내지 마 널 지켜줄게』는 바로 우리들의 경험담이요. 우리들의 이야기라고 할 수 있습니다.

저자는 우리에게 뭔가 포기하지 않으면 반드시 꿈이 현실이 된다는 것을 보여주고 있습니다. 나는 과연 실패를 통해 어떤 성공을 이루어 가야 하며, 아직 보이지 않는 길을 위해서 내가 해야 할 일이 무엇이며, 나의 꿈을 위해서 내가 치러야 할 대가는 무엇인지를 이 책은 우리에게 증언합니다. 그것은 그렇다면 무엇이든지 지금 시작하라는 것입니다.

세상에는 걱정을 지배하는 사람이 있고, 걱정의 노예로 사는 사람이 있습니다. 인생은 단 한 번밖에 읽을 수 없는 책이기에 오늘도 주어진 환경에 최선을 다하는 사람들에게 이 책을 권하고 싶습니다.

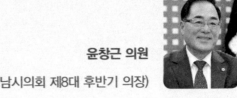

윤창근 의원
(성남시의회 제8대 후반기 의장)

이제 끝인가? 나의 의지와는 상관없이 끝없이 한숨이 나오는 때가 있다. 끝이라고 인정하고 싶지 않지만 끝이라는 말을 피할 수 없는 순간들, 이런 실패의 경험은 누구도 예상하지 못한 때에 찾아와서 우리의 약한 무릎을 결국 꿇게 만든다.

나도 그런 때가 있었다. 남부럽지 않은 시절도 있었지만 떠올리는 것조차 힘들었던 쓰디쓴 시절도 있었다. 어쩔 수 없이 그때의 기억을 상기해야 할 때면, 온몸의 기운이 다 빠져나가는 것 같았다. 그래서 실패의 경험은 되도록 기억의 서랍장 맨 밑 칸에 두고 좀처럼 꺼내지 않았다.

하지만 세월이 흐르고 인생을 배워가면서, 지금은 분명히 말할 수 있게 됐다. 실패가 지금의 나를 단단하게 만들었다고. 끝인 것 같았던 순간이 있었지만, 그건 결코 내 인생의 끝이 아니었다고.

나처럼 순탄치 않았던 인생을 살아온 작가의 글이 반가웠다. 퇴직하고 여유롭게 여생을 즐겨야 할 때 빈털터리로 전락했지만, 포기하지 않고 더 나은 내일을 계획하는 작가의 각오가 내 마음을 뜨겁게 했다. 우리의 인생은 끝날 때까지 끝난 게 아니라고 말하며 계속 도전을 이어가는 작가의 삶에서 숭고한 인생의 아름다움을 느낄 수 있었다. 고단한 인생길에서 이제 끝인가? 하는 고민을 하는 분들께 이책을 권하고 싶다.

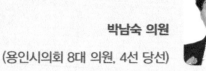

박남숙 의원

(용인시의회 8대 의원, 4선 당선)

우리는 인생을 살아가면서 평생교육과 함께 전반적이고 깊은 지식을 모두 가지고 있어야 하며, 이를 위해 어느 정도 일정한 꾸준한 노력과 교육 기간의 투자가 이루어져야 한다. 항상 연구하는 모습, 가정에서도 그것을 자녀들에게 보여주는 모습이 그 어떤 유산보다 중요하다 본다. 사회생활이나 자기계발도 똑같다. 자그마한 일상사부터 큰 과업에 이르기까지 자신 있게 해낼 정도가 되려면 반드시 어떤 고개를 넘어야 한다.

수많은 인생의 고비를 맞이하고 마음이 꺾일 때도 많았으나 그럼에도 불구하고 '견뎌낸다'는 마음가짐으로 인생을 꾸려 나가며 자기 자신은 물론 우리 사회 발전을 위해 많은 아이디어와 제안을 해 오고 있는 최재영 저자의 이야기는 우리가 인생을 살면서 무엇에 투자하고, 어떠한 고개를 넘어야 하는지 조금 더 깊이 생각해 볼 수 있도록 하는 기회를 제공한다.

여기에 더해 저자는 26년간 ICT 대기업에서 근무하고 시간을 쪼개면서 국가정책 및 시민에게 바로미터처럼 보여지는 각종 지자체 정책들을 살펴보고 숱한 현실에 부딪히면서 고민해 오고 연구하고 달성했던 모든 것을 이 책을 통해 밝히고 있다. 이는 용인특례시의 발전에도 커다란 영향을 미칠 것이고 우리가 살아가는 삶의 터전에서도 주춧돌이 되리라 믿는다.

박한구

(스마트제조혁신추진단 초대단장)

　사람이 태어나 부모님 밑에서 자라고, 학교를 졸업하고, 사회에 나아가 직장을 다니며, 역동적인 인생을 누리다 퇴임 후, 제2의 인생을 살아가는 것이 인생의 역정이다. 사람의 삶은 그 자체가 누구나 다 다른 것이고, 특별히 남보다 성공했다거나, 더 실패한 삶이란 없다. 남과 비교하지 않고 자기 방식대로 인생을 돌이켜 보면서 만족하면 성공한 삶일 것이다.

　나 역시 인생 2모작을 시작한 지 5년이 흘렀지만, 나름대로 사회생활을 하면서 나만의 멋진 인생을 만들어 가고 있다. 퇴임 후 인생 2모작을 잠시 함께했던 최재영 작가님의 『괜찮아, 겁내지 마 널 지켜줄게(Right Here, Right Now, Result Later, 끝날 때까지 끝난 게 아니다)』를 읽으면서 왜 이 책을 쓰게 되었는지 그 마음을 알 수 있고, 나의 이야기가 아닌 우리들의 이야기로 만들게 된 작가의 심정을 이해한다.

　인생에서 사람 인(人)이란 한자를 보면, 사람은 누군가가 옆에서 지탱해 주지 않으면 살아갈 수 없다는 뜻이 담겨 있다. 우리의 삶을 돌이켜 보면 정말로 혼자는 살아갈 수 없는 세상에 태어났고, 항상 사람과 사람이 함께 즐거워하고, 서로 따뜻한 감정을 나누고, 의지하면서 살아간다. 결국 친구, 부인 혹은 가족과 끝까지 의지하고 함께할 수 있는 삶이기에 우리는 행복한 것이다.

우리나라의 베이비붐 세대들이 산업은 역군으로, 민족중흥을 위해 하루 16시간 일하면서 외국 기술을 도입하여 우리 것으로 만들고, 새로운 제품을 많이 생산하여 글로벌 시장에 팔아 많은 돈을 벌어 국민의 삶의 질을 높여 왔다. 이들이 후진국을 중진국으로, 이제는 선진국의 문턱에 와 있게 한 삶의 주역들이다.

그러나 이들은 제2의 인생을 살아가면서 독거노인이란 말을 많이 회자하곤 한다. 참 마음 아픈 일이다. 누군가 옆에서 지탱해 주는 사람이 있어야 하는데, 나이가 들고, 생활 형편이 어렵게 살게 되면 혼자 지낼 수밖에 없는 분들이다.

젊은이들도 시간이 지나면 노인이 된다. 늙어서 독거노인이 되지 말고, 항상 옆에서 지탱해 주는 사람이 되기를 바란다. 이 책의 '끝날 때까지 끝난 게 아니다. 도란도란하고 풋풋하고 감동적인 성장 스토리'가 나의 가슴을 따뜻하게 해준다. 지금이 끝이 아니라 이제 시작한다는 마음으로 어린이가 걸음마와 말을 배우듯이 모든 것을 내려놓고 남과 비교하지 말고, 스스로 서서 남을 지탱해 주는 사람이 되겠다고 다짐해 본다.

좋은 글을 써 주신 최재영 님께 감사드리고 많은 분이 이 책을 보고 감동하여 내가 남을 지탱해 주는 사람들이 되도록 삶을 만들어 가시길 바란다.

김흥국

(㈜엠지브이보안시스템 대표)

비대면 시대를 맞이하여 우리의 삶 속에서 어느새 4차 산업을 느끼고 있다. 이 책은 우리의 삶이 어떻게 변해 있고 앞으로 어떻게 변할 것인지, 그래서 지금 우리들은 무엇을 해야 하는지를 보여주고 있다.

저자는 '넥타이와 청바지는 평등하다'라고 이야기한다. 또한 전문가 또는 젊은이의 영역을 넘어 어르신들도 일상적으로 QR코드를 사용하는 것은 점차적으로 4차 산업혁명이 우리의 삶에 일상화되어 가고 있는 것으로 보인다. 저자는 젊음에서 중년을 지나오며 자신의 전문적인 직업의 일상에서 느껴왔던 소소함을 이야기하는 한편, 젊은이와 노인, 우리 모두가 어떻게 어울려 살아갈지를 간결하게 말하고 있다.

시작의 순간은
누구나 서툴다

나이가 많다고 모든 순간에

능수능란한 것도 아니고

경험이 많다고 해서

또 다른 시작이 익숙한 것도 아니다.

시작은 서툴다.

누구를 만나든, 무슨 일을 하든,

어느 곳을 가든 모두

그렇게 서툴게 시작한다.

잘해보고 싶은 마음은

한가득이지만

어쩔 수 없는 서투름에

조급해져 실수도 한다.

모두 그렇게 서툴게 시작한다.

그래서 모두가 아프고 상처도 받는다.

그저 힘들지 않은 척

연기할 수 있는 노련함이 혹은

아픔에 대한 무뎌짐이 있을 뿐이다.

그러니 아직도 이런다고

자신을 탓할 것도,

아직도 이러냐고

누구를 면박 줄 것도 없다.

처음은 누구나 서투니까 말이다.

시작의 순간에 드는 걱정과 불안함은

질끈 눈 감고 모른척해도 괜찮지 않을까 싶다.

- 선미화 '당신의 계절은 안녕하신가요' 中

책을 쓰는 분들을 보면 부러워했던 것도 사실이다. 그러다가 2021년 여러 가지로 인생의 전환점에 서서 그동안 모아왔던 메모와 내용을 정리하다 보니 책을 만들게 되었다. 해묵은 이야기가 아니라 실전에서 활용할 수 있는 것이 산지식 아닌가? 그래서 또 하나의 일을 하고 있다. 책을 쓴다는 그것이 어렵다고 생각했지만 책이란 나라는 사람을 나타내는 가장 좋은 방법이다. 이 시대에는 자신의 책을 준비하다가 기회가 오면 책을 내는 것도 좋다고 생각한다.

"인생을 즐기며 사는 것이 행복"이라고 생각했는데, 음식을 씹어도 아무 맛이 나지 않는 것처럼 즐기려 할수록 즐거움이 사라졌다. 잠을 제대로 자지 못했고, 화와 짜증이 많아졌다. 반짝반짝 빛나야 할 나의 쉰여섯 살은 많이 흔들렸나 보다. 무슨 일을 해도 답답하고 지치고, 글도 읽기 힘들었던 나의 삶이 편안해지고 빛이 날 이야기. 지금 시작하련다. 자연스럽게 있는 그대로의 지금 내 마음을 나누게 되는 날이 빨리 왔으면 좋겠다.

나의 성장 Story

자녀를 키우다 보면 내 아이가 다른 아이하고 다르다는 것을 인정하는 것이 얼마나 어려운지 깨닫게 되는 순간이 있다. 독특하기보다는 다른 아이들처럼 '평범'해서 제발 튀지 않기를, 튄다면 특출나게 영재나 천재가 되면 좋겠다는 마음들이 있다. 하지만 내 자녀가 평범하다고 해도 그 속에서 가지고 있는 재능이 있지 않을까? 특출난 자녀에게서 찾을 수 없는 재능 말이다.

또한 자녀들이 가지고 있는 재능이 다르다. 그렇기에 다른 아이들처럼 똑같이 '공부'를 하고 똑같이 '대학'을 가고 안정된 직업을 가져야만 하는 것은 아니다. 그런데도 다른 아이들이 조금 더 뛰어나서 무언가가 되더라도 내 아이는 평범하게 남들 가는 길 따라서 가다가 안정되게 직장을 다니거나 이왕이면 공무원이면 좋겠고, 아니면 대기업에 들어가면 좋겠다고 생각하게 된다.

그런데 아이들이 그렇게 잘 따라오지 않을 때는 어떻게 해야 할까? 또 아이가 자신이 다른 아이와 다르다는 이유로 같이 어울리지 못할 때는 어떻게 하면 좋을까?

소중한 내 아이. 자존감 있게 키우는 게 중요하다. 무조건 믿어주기, 기다려주기, 응원해 주기 등. 조금 늦더라도 우리가 살아보니 시간은 충분하다.

대부분 사람들은 평생 꿈속에서 산다. 더 나쁜 건 그게 딱히 좋은 꿈도 아니란 것이다. 우린 다른 사람이 말한 것 이상을 보지 못하고, 벗어날 생각조차 못 하며 일상에 끌려다닌다. 결코 원하는 결과를 불러올 수 없는 행동, 만나기만 하면 싸우는 만족스럽지 못한 관계, 자기 몫이 아닌 걸 탐하는 탐욕, 싫어하면서도 반복하는 습관이라는 함정에 빠지는 것처럼 꿈이 허망한 것이 아닌 삶을 살아가게 하는 힘이 되길 바라 본다.

1) 언제부터 컴퓨터를 배우기 시작하셨나요?

1983년 여름으로 기억한다. 금성 컴퓨터월드라는 컴퓨터 전시장(현 종로 2가 사거리 앞)이 있었는데 당시에는 대기업들이 퍼스컴 무료 전시장을 운영해서 성남에서 종로까지 걸어서 주말마다 아침부터 저녁까지 컴퓨터를 배우고 실습했다. 세운상가도 한창 누비고 다녔다.

당시의 나는 아마 컴퓨터 1세대라 보면 될 것이다. 요즘 컴퓨터 공부라고 하면 해킹 기술부터 배우지만 예전에는 전산 개론, GW-BASIC, Q-BASIC, COBOL, FORTRAN, ASSEMBLER, C 등을 배웠다. CP/M8086, 8088도 그때 처음 OS를 기동해 보았고 국내 최초로 금성 마이티 32 BIT 컴퓨터를 가동해 본 장본인이기도 하다.

  그러다가 부모님께 참고서 구매하겠다고 돈을 받아 헌책방에 가서 헌 참고서를 산 후 책 포장지를 입혀 새 책으로 둔갑시키고 남은 차액으로 컴퓨터학원에 등록했던 에피소드가 생각이 난다. 나중에 부모님께 발각되어 목숨만 건질 정도로(죄명: 현금 임의 유용 존속 우롱 죄) 엄청나게 맞았던 기억도 새록새록 난다. 매월 시험 봐서 우수한 성적으로 5개월은 무료로 다녔다. 본인이 선택한 길에 후회는 하지 않는다.

2) 혹시 어릴 때 꿈은 무엇이었나요?

  공장장이었다. 지금 생각하면 다른 친구들은 국회의원, 육군대장, 의사, 선생님, 판사 등등 꿈이었는데 나만 초라했던 것 같다. 사실 나중에는 경찰관이 될 기회도 있었고, 집안 주변에 판사, 검사, 변호사, 경찰이 수두룩해서 조언도 있었는데 그냥 회사원으로 결정했다. 본인이 경찰이 되었으면 아마 살아남기 힘드신 분들 많았을 것이다. 본인의 별명이 최 형사다.

3) 학업은 어떻게 정진하셨나요?

처음엔 고졸 학력으로 어떻게 해보려고 생각해 봤다. 무모한 도전의 시작이었다. 당시 전문대가 취업 0순위였기는 했는데 고졸로는 이력서도 못 내밀어 숭실대 전자계산원을 주간에 다니고 밤에는 아르바이트로 학비를 벌었다. 지금은 늦게나마 사이버대학교 사회복지학과를 다니다가 2년 휴학하고, 다시 국가평생교육진흥원 정보보호학 학사 자격을 취득하여 2018년 9월에 학위증을 받은 바 있다.

4) 취업은 언제부터 했나요?

1985년 2월 LG하니웰 6개월 근무로 시작하여 1988년 2월 군대를 제대하고 GS소프트웨어하우스(현, 엘지씨엔에스(LG CNS))에서 병, 의원 의료보험 수가 계산 프로그래머로 일하는 동시에 컴퓨터학원 및 매장에 근무하였다. 그 이듬해에는 영등포에 있는 유·무선 텔렉스 및 컴퓨터 종합 학원 강사로 1년 정도 근무했다. 입사 당시에 학원생이 4명이었는데 3개월 만에 150명(고교 취업반, 군 장교 교육)까지 확대하는 성과를 세웠다. 이후 1989년 9월 연고지도 없던 포항에 내려와 포스코강판에 입사한 후 3개월간 무보수 근무, 면접 합격 후 또 6개월간 수습 기간을 거쳐 정규직 직원이 되었다.

5) 하시던 업무를 구체적으로 말씀해 주신다면?

입사해서 처음에는 사실 밑바닥부터 배웠다. 군대 말로 '기라

면 기는' 것이다. 가르쳐 주는 사람도 없었고 주황색 설명서 몇
십 권을 당시에는 한글판이 없어 그저 영어사전 펼쳐놓고 독해
하면서 배웠다. 게다가 지금은 외주업체가 대행하지만, 당시에
는 직원이 직접 천장을 기어 다니면서 케이블 포설부터 전산 관
리, 네트워크/통신(교환기)까지 구축을 스스로 했다.

20년간 IT 인프라 기획, 네트워크, 통신망 구축, 운영, 관리,
공장 프로세스(제어) 컴퓨터 정비/운영, 그룹사 IT 표준화 활동,
보안에 이르기까지 IT 전 분야에 걸쳐 빠짐없이 모두 섭렵했다.

당시에 비추어보면 H/W든 S/W든 모든 게 불안전하여 365일
비상대기 상태로 집과의 거리는 항상 1Km 전후방 거리를 유지
해야만 했다. 지금까지 가족들에게 가장 미안한 것아 여행 한번
제대로 못 갔다는 것인데 우습게 들리지만 실제로 그러하였다.
사실 회사에서도 본인을 믿어서인지 당시 추가적인 채용도 없어

혼자 모든 업무를 해야만 했는데 무슨 일이든 사생결단하는 습관이 있어 대충 하는 일은 없었다. 그것이 본인에게는 큰 보람이자 자산이다.

6) 그럼 이 분야에 베테랑, 전문가이시겠네요?

스스로 전문가라는 얘기를 하지 않는다. 지금도 항상 배우는 자세로 업무를 하고 있다. 주위 업계나 지인들이 다박한 지식, 경험이 있다며 불러 주는 것이지 스스로는 항상 노력할 뿐이다. 주로 사내 보안 운영 주요 솔루션 기획, 구축, 운영, 평가 및 그룹사 보안업무를 수행하고 이제 수년 동안 축적된 기술과 스스로 연마하여 쌓은 노하우 중심의 원동력을 가지고 마지막 보루라 할 수 있는 보안관제 업무를 수행하고 있다.

요즈음은 보통 보안관제 업무를 처음 시작하는 인력들이 있는데 탐지, 분석은 초동대응이 참 중요하다. 판단기준이 모호한 상태에서 보안관제 업무를 수행한다는 것은 개인적으로는 매우 부적합한 일이라 판단하고 있다.

7) 정보보안은 언제부터 하셨나요?

보안업무는 처음부터 했지만, 본격적으로 추진한 것은 1995년부터이다. 정책, 지침, 매뉴얼, 자체 활동 등을 우선시하여 했고 매년 내부통제나 Audit를 통해 주기적 활동을 해왔다. 이후 2000년 5월에는 그룹사 IT 전문회사로 아웃소싱되어 그때부터 그룹사 보안 활동을 하게 되었다. 처음엔 배워보자, 벤치마킹해 보자 했는데 본인이 생각한 그런 환경이 아니었다.

8) 그럼 당시 보안환경이 어떠셨나요?(혹 정보보안에 위반되시면 안 하셔도 되는데)

사실 2000년대 초반, 대부분 기업이 그러했겠지만 보안 장비라고는 방화벽 1대, 인터넷 유해 차단, 바이러스 백신 솔루션 정도가 전부였을 것이다. 대부분 사업장별, 계열사별 다른 비표준 솔루션 도입 등 체계화가 안 되어 있어 이렇게 해서는 안 되겠다고 생각해서 회사 규모나 인원과 관계없이 보안 표준을 만들어야겠다고 생각했다.

기업 규모에 상관없이 8대 보안 요소를 정보보안의 기본 철학으로 생각하고 일을 진행해 나갔다. 문제는 30여 개 되는 전국적으로 분산된 회사들을 대상으로 6개월 만에 보안 표준을 구축해 나간다는 것은 현실적인 어려움이 많았다는 점이다. 그래서 업체와 병렬 설치 작업을 했다.

2단계로 개인정보 보호(DB 암호화, 유·무선 인증, 네트워크 솔루션, 정보 유출 모니터링 등) 구축을 했다. 보안 클라우드 기술이 일찍 나왔으면 좋았는데 저자가 구축하던 시기가 미묘하게 달라 걱정이 앞섰다. 그 작업을 진행한 이후 불과 1년 만에 클라우드 개념이 등장했으니 참 아이러니한 부분이다.

9) 가장 어려웠던 점이 무엇인가요?

사실 회사마다 비즈니스 환경이 다르고 인프라 구현이 다르고 무엇보다 CEO 영향이 중요한데, 그게 안 되니 컨트롤타워의 역할이 필요해서 업무협력 요청을 했었다. 당시에는 보안이 그리 중요하다고 인식한 사람들이 적었으니 이해시키는 것이 가장 어려운 점이었고, 투자로 끌어내야 하기에 보고서 수정, 시담 등을 진행하는 데에 당시에 그래도 참 많은 분이 도움을 주셨다.

당시 그룹사 간 정보유통이 가장 쟁점이었기 때문에 거버넌스, 보안정책, 지침, 매뉴얼, 정보 유통대상 선별 등이 이루어져야 했다. 핵심적인 정보가 가장 안전하게 유통되기 위한 거버넌스, 아키텍처 수립과 함께 8대 보안(F/W, IDS, IPS, 백신, 인터넷 모니터링, PMS, 저장매체 관리, DRM) 즉 8종 세트를 기본으로 구축하는 일이었고 지금도 그 부분은 자랑스럽게 생각한다.

정보보안은 대충 솔루션 몇 개 구축한다고 해결되는 문제가 아니다. 매출 및 비즈니스별로 경영환경과 반드시 지켜야 할 보안 요소가 다르기에 그 점을 고려해 대, 중, 소로 카테고리를 구분하여 구축도록 리딩하였고 매년 두 차례 모의 점검, 취약점 분석을 하고 있어 효율적인 관리, 통합화가 이루어지고 있다. 이렇게 한다고 해도 안전하다고는 볼 수 없다.

이처럼 보안은 쉬운 일이 아니다. 쉽다고 말하는 건 장사꾼(?)

얘기랄까? 그동안 쌓은 노하우로 보안관제 업무를 수행하고 있고 네트워크 자료를 수집, 정규화하고 상관관계 분석을 진행하고 있다. 또한 보안 인텔리전스 구현과 함께 어떤 형태의 IT 인프라를 사용하는지 관계없이 기업 및 고객정보를 보호하고, 시스템의 안정적인 운영을 위해 보안에 큰 노력을 기울이고 있다.

10) 대외활동도 많이 하셨다고 들었어요?

첫 직장 때부터 인맥 관리를 소중하게 생각하였다. 나 혼자 잘한다고 큰 것을 이루기는 어렵기에 시간만 나면 지역정보화 활동, 사회봉사, 정책, 제안 참여 활동, 보안 관련 커뮤니티 활동, 개인 홈페이지, SNS 등 다양한 부문에서 온·오프라인 활동을 하였다. 그 결과 20여 개의 대외 수상, 장관 표창 등 많은 공적을 쌓았고 상대적으로 취약할 수 있는 정보수집, 기술 동향 등에 쉽게 근접할 기회가 주어지기도 하였다. 대한민국 정보화 기여에도 앞장섰다고 생각하였다.

11) 마지막으로 후배들에게 하고 싶은 말씀은?

업무 매뉴얼이나 얕은 지식을 가진 기술로 요령만 배우고 이직하고 그런 상황을 자주 볼 때가 있다. 자주 이직하는 친구들을 봤을 때 바람직한 태도는 아니라고 생각한다. IT에 관한 전반적이고 깊은 지식을 모두 가지고 있어야 하며, 이를 위해 어느 정도 꾸준한 노력과 교육 기간의 투자가 이루어져야 한다.

　항상 연구하는 모습, 가정에서도 그것을 자녀들에게 보여주는 모습이 그 어떤 유산보다 중요하다 본다. 일도 공부와 똑같다. 자그마한 일상사부터 큰 과업에 이르기까지 자신 있게 해낼 정도가 되려면 반드시 어떤 고개를 넘어야 한다.

　처음에는 서투르고 실수할 것이다. 그러다 보면 자신이 없고 또 실수하면 어떻게 하나 두려움도 생길 것이다. 그래서 대부분 사람은 한두 번 혹은 네댓 번 해보고 그만둔다. 극히 일부 사람들만이 하고 또 하고 끈질기게 버텨 어떤 단계, 어떤 고비를 넘어선다. 리더십이든 지성이든 사업이든 또 다른 어떤 것이든 간에 자신감이 설 만큼, 그리고 남들이 알아줄 만큼 역량이 축적되려면 우선 본인의 결심과 노력, 믿음과 인내가 필요하다. 끊임없는 도전 정신만이 창조적인 가치와 혁신을 만든다.

실패를 두려워하지 않으며 실패를 기회로 만드는 도전 정신으로 한국 보안은 매일 성장하고 있다. 도전하지 않으면 혁신 또한 없고 미래 또한 없다. 매일 새로운 것에 도전하는 마음으로 임한다면 한국 보안의 장래는 밝다. 모든 것을 다 갖는 삶은 누구에게도 오지 않는다. 겉으로 그렇게 보일 뿐이다.

무슨 일이 생기더라도 얻는 것만 있거나 잃는 것만 있는 일은 우리 삶에서 일어나지 않는다. 잃는 부분을 받아들일 준비가 되어 있지 않으면 상실이 다가올 때마다 더 큰 좌절을 느낄 수도 있다.

모든 것을 다 가진 사람도 없고, 모든 것을 혼자서 가질 수도 없다. 내가 잃은 것을 누군가 다른 사람이 얻기도 한다. '잃을 준비'가 되어 있으면 '나눌 준비'가 되어 있다는 뜻도 된다. 그렇게 생각하면 여유가 생기고 마음도 넉넉해진다. 혼자 공부하는 데 익숙한 사람이 있고, 여러 사람과 같이 공부하는 게 익숙한 사람도 있을 것이다. 그러나 보안은 학습을 활용한 공부라 생각한다.

야망이 있어야 목표를 성취하고 성공할 수 있다. 야망 있는 사람들은 많이 성취하고 당연히 야망이 강할수록 좋은 대학을 졸업해, 더 좋은 직장에서 돈도 더 많이 벌었다. 그러나 야망이 삶의 만족도와는 상관이 없고, 성공한 사람조차 야망 때문에 인생의 즐거움을 누리지 못할 경우가 많다.

야망은 끊임없이 스스로 부과하는 기준을 높여, 늘 성공에 대한 갈증을 불러일으킨다. 그래서 객관적인 행복의 조건이 많지만, 행복을 느낄 겨를 없이 도리어 더 불행해진다는 것이다.

세상에서 성공으로 알려진 것들이 행복하고 건강한 삶을 보장하지 못한 것일 수도 있다.

오히려 안정된 가족관계, 지속적 우정 같은 건강한 인간관계가 더 중요한 것으로 드러났다. 그렇다면 '꿈', '야망', '비전'이 각각 어떻게 다르고 어떤 유기적 관계를 맺고 있을까?

'꿈', 어릴 적에 돈 많이 버는 회사 사장이 되고 싶은 꿈이 있었던 적이 있었다. 늘 온 가족이 단칸방에서 지내야 하는 가난했던 시절이기에 막연히 그저 돈 많이 가지면 행복할 줄 알았다. 현재 그 꿈은 이루어지지 않았다. 그러나 지금 행복하다.

누구나 저마다 꿈이 있다. 대통령이 되고 싶은 꿈, 장군, 의사, 교수, 사업가 등 다양한 꿈들이 있다. 그러나 세월이 지나면서 그 꿈이 정확히 이루어진 사람들이 과연 몇이나 될까?

하지만 꿈이 안 이루어졌다고 해서 그 꿈에 대해 뭐라고 할 사람은 아무도 없다. 꿈은 이루어지면 좋고 안 이루어져도 큰 문제가 없기 때문이다.

‘야망’, 많은 사람이 자신이 가진 꿈을 실현하기 위한 위대한 야망을 품을 필요가 있다.

"위대한 개츠비"라는 영화의 주인공을 보면 자신의 초라한 처지를 비웃었던 여자친구에게 자신의 위대한 모습을 보여주기 위해 부자가 되리라는 야망을 품고, 열심히 땀을 흘리고 노력한 결과 큰 부자가 되었다. 마침내 자신의 꿈과 야망을 이루었다. 그러나 결과적으로 여자친구는 여전히 자신의 진심을 알아주지 않았다.

그는 슬펐다. 돈과 명예가 다 중요하지 않았다. 그는 자신이 사랑하는 여인과 결혼하여 행복하게 살고 싶은 소박한 꿈이 있었을 뿐이었다. 오히려 돈과 명예가 개츠비를 더욱 불행하게 만들었다.

개츠비와 같이 자신의 야망을 이룬 사람들을 우리 주변에서 찾아볼 수 있다. 그러나 대부분 사람이 야망을 품고 노력하지만 이루어지지 않았다. 이 또한 비록 야망이 이루어지지 않았다고 해서 그 누구도 뭐라고 할 사람은 아무도 없다.

야망은 이루어질 수도 안 이루어질 수도 있기 때문이다. 위대하고 선한 야망도 있지만 잘못된 야망도 있다. 그 옛날 유럽의 많은 백인이 자신의 나라 영토확장과 제국건설을 위해 앞다투어 아프리카와 아시아를 공격하여 식민지로 삼은 나라들이 있었다.

특히 아프리카인들을 이유 없이 잡아다 노예로 팔아넘긴 사람들도 많았다. 그들은 한 손에는 성경이 다른 한 손에는 총과 칼이 들려있었다.

그들은 나라를 위해 정의로운 일을 행한다는 야망들이 있었지만 사실 씻을 수 없는 엄청난 죄악들을 저질렀던 것이다. 이처럼 잘못된 야망을 우리는 진정한 야망이라고 부르지 않는다.

'비전', 우리에게는 '꿈'도 있고 이루고자 하는 '야망'도 있다. 꿈을 이루기 위한 야망을 반드시 가져야 한다. 그러나 이 꿈과 야망을 구체적으로 실현하기 위해서는 구체적인 비전이 있어야 한다. 비전은 어떠한 고난과 상황 속에서도 포기하지 말아야 한다.

그 비전을 이루기 위한 세부적인 계획과 노력 그리고 이룰 능력을 갖춰야 한다. 그리고 그 비전을 이룰 때까지 끈기와 인내심을 가지고 최선의 노력을 다해야 한다. 그럴 때 우리의 꿈과 야망과 비전이 이루어지는 것이다.

나는 여러분에게 어떤 꿈이든지 한 가지씩 꿈을 가지라고 권하고 싶다. 꿈이 있어야 이루고 싶은 야망 즉, 목표 의식이 생기는 것이다. 자신의 성공과 출세만을 위한 꿈과 야망이 아닌 이웃과 세상을 위해 원대한 비전을 품으시기를 적극적으로 권하고 싶다.

우리는 민족과 세상을 향해 힘차게 전진하며 쓰임받는 '전문가' 즉 '아름다운 사람들'이 되어야 한다.

저자는 26년간 ICT 대기업에서 근무하면서 숱한 현실에 부딪히면서 고민해 오고 연구하고 달성했던 모든 것을 여러분께 밝히고자 한다.

그저 S/W나 H/W 속에서 파묻힌 기계적 사고나 인간이 아닌 감성이 살아있는 여러분이 되시길 간절히 기원하면서 반드시 여러분도 그렇게 될 줄로 믿으며 그 결과를 위해 비록 늦었더라도 오늘 우리의 비전을 다시 확인해 보는 여정이 되기를 바란다. 여러분의 비전은 무엇일까?

인터뷰
'첫 번째 만남'

　혁신적인 보안 활동을 위해서는 타 조직의 보안관리나 기술을 벤치마킹해야 한다. 자기 방식의 보안 활동만을 하면 그만큼 Risk가 발생한다. 가장 스마트한 보안 서비스를 제공하기 위해서 다각적으로 노력해야 한다. 더 넓은 세상을 접해야 제대로 베낄 수가 있다.

　이 세상 아래 새로운 건 없을 정도로 한계에 부딪혔다. 하지만 결합하거나 변형시키거나 관점을 달리 보는 모방, 변형, 재창조에 이르는 3단계 구현을 통해 창조를 이루어 보자. 일단 먼저 제대로 읽고 결합하고 이것을 바탕으로 체험이나 기술 습득을 하게 하고 이런 경험을 통해 현지에 맞게 변형하여 끊임없이 재창조해야 한다.

　보는 눈을 키워야 제대로 베낄 수가 있다. 왓츠앱(미국) → 카카오톡(한국) → 라인(일본/네이버) → 위챗(중국/텐센트를 아시아 1위 기업으로 만듦)의 흐름을 참조하자.

넓은 세상을 본다 해도 다른 관점으로 볼 수 있는 눈이 없다면 베낄 내용이 보이지 않을 것이다. 아무리 많은 여행을 다녀도 볼 수 있는 눈이 없다면 아무 소용이 없는 것처럼 볼 수 있는 눈을 키우는 게 먼저다. 그러기 위해선 토론을 자주 해야 한다. 여기서 또 문제점이 나온다.

'지식인의 저주'에 빠지지 말라고 말하고 싶다. 지식인의 저주란 자기가 알고 있으면 남들도 알고 있다고 착각하는 것을 말한다. 대부분 사람이 보지 못하고 남들이 다 똑같이 보고 있는 것만 보려고 하는 것을 많이 느낀다. 내 주변에서 내가 잘할 수 있는 것을 찾아 나에게 맞게 살짝 변형시켜 다른 결과물을 창조하는 것부터 시작하면 엄청난 기회가 주어지게 된다.

기업을 운영하는 사람 측면에서는 연봉의 3배~5배 정도는 나와야 유지된다는 말을 듣곤 한다. 왜일까? 영업직원이 벌어와야 하는 돈이 연봉의 몇 배인 경우가 많은데 회사의 재무구조, 경영상태, 아이템에 따라 다르기도 하지만 직원에게 소요되는 모든 비용이 사실 기업을 운영하다 보면 상상하는 것보다 훨씬 더 많이 소모되기도 한다.

여기에 더해 국가에서 여러 가지 세금을 청구하기 때문에 급여 100만 원 받는 직원이 130만 원 벌어 온다고 순이윤이 30만 원이 되지는 않는 것이다. 만약 연봉이 5천만 원이라고 가정하면, 5배인 2억 5천만 원의 매출실적을 달성해야 회사에서는 대충 30%의 순이익이 발생한다고 볼 수 있다. 기본 경비가 많이 들어가기 때문에 3배인 1억 5천만 원에 이바지했다고 해서 30%인 4천 5백만 원의 순이익이 생기지는 않는다.

그렇기에 영업은 300% 정도의 매출실적을 달성하면 보통 이상을 한다고 보면 된다. 기업 재무제표를 조금이라도 볼 줄 안다면 이해가 된다. 순이익이 30% 남으려면 어림잡아 500%는 해야 한다.

실질적으로 회사의 매출에 기여하는 사람(판매 · 영업 등)이 몇 명인지가 중요하다. 그 외에 일반 관리직이나 생산직은 매출액에는 크게 관여가 안 되니 그 사람들을 전부 먹여 살리려면 많이 버는 사람에게 요구할 수밖에.

- 사무실 1/N 면적의 임대료
- PC, 책상 등 비품 구입비
- 커피 등 소모품비
- 교육훈련비
- 업무에 대한 출장비, 야근비, 회식비, 사무실 청소 인력비, 회사 행사비 등등
- 국민연금, 고용보험 등 제세 공과금.

이 정도는 연봉의 2배는 된다. 여기에 또 뭐가 붙냐면

- 본인의 영업을 도와주기 위한 비영업 부서의 월급(스텝조직)
- 임원급 급여
- 기타 재투자금

 이런 것들을 생각하면 연봉의 3배~5배는 벌어야 회사가 지속성 있게 운영된다는 사실이 이해가 될 것이다. 그렇기에 '나 때문에 회사가 돌아간다.', 혹은 '나 없으면 여긴 망하겠네' 마인드는 본인과 사측 모두에게 안 좋은 방향이다. 그 정도로 자신이 있으면 회사에 남아 있을 필요도 없다. 직접 사업을 하면 되는 것이다.

 회사는 어느 한 사람이 실적을 채우고 성적이 좋다고 그 사람만을 기준으로 할 수 없다. 1등만 살 수 있게 하는 무한경쟁일 수밖에 없을 것 같지만 그런 회사가 잘 되느냐 하면 그렇지 않다. 고용을 하는 자와 고용된 자는 동시에 양측이 모두 책임질 의무가 생긴다. 고용된 자 관점에서 맘에 안 들면 이직이 생기는 것이고, 고용 측 처지에서 맘에 들면 연봉이 올라가는 것이다. 또한 일등만을 고집하다 보면 '팔 없는 원숭이'라는 이야기처럼 된다. 직장생활이란 내가 잘해서 다른 사람들을 도와준다고 생각하고 내가 못하기에 다른 직원들이 도와준다고 생각해야 오래갈 수 있는 것이다. 당연히 CEO 입장에서는 '직원들 때문에 이 회사가 돌아간다'라는 생각을 하는 건 기본이다.

끝으로 급여 받고 일하는 게 얼마나 행복한 것인지 다시 한번 고민해야 한다.

Contents

Chapter 1. 너무 가난해서 물로 배를 채웠습니다

Chapter 4. 인생 3모작 만들기 준비하고 있습니다

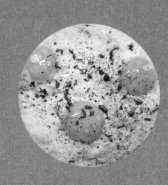

너무 가난해서

물로 배를 채웠습니다

대원탑 교정,
타임캡슐 속의 꿈 '공장장'

    초등학교 나의 꿈, 나의 목표를 적어놓은 희망 탑, 그 희망이 꿈이 되어 현재도 미래도 나의 등불이 될 것이다. 지금으로부터 40년 전 초등학교 교정 타임캡슐에 약속했던 것은 20년 전에 이뤄졌다. 또한, 20년 후에 되고자 하는 목표도 이루었다.

    앞으로 20년 후, 그 목표를 달성키 위해 또다시 정진해야 한다. 각자의 판단에 따라 성공의 위치나 목표는 다르겠지만 내가 이 자리에 오기까지 그동안 받았던 수많은 사랑을 이제는 되돌려줘야 한다. 사회 환원을 위해 열심히 노력하고, 많은 분이 지금까지 주신 사랑도 늘 기억하고 있으며 다시 재도전하고자 한다.

    어린 시절 꿈을 키우고, 그 꿈을 이루기 위해 노력했다면 그 자체로도 의미가 있는 일이라고 판단된다. 또한 그 과정에서 목표를 달성하기 위한 태도, 열정 등을 평가할 수 있다. 꿈을 이루기 위해 했던 노력과 경험이 업무 성과를 내는 데 이바지할 방법을 찾을 때까지 목표를 확장하고자 한다.

　사회생활을 하다 보면 이따금 '내 어린 시절 꿈이 뭐였지?'라는 생각이 들곤 한다. 어린 시절, 학교에서나 누군가 '너는 어떤 사람이 되고 싶으니'라고 물어보면 '대통령, 의사, 국회의원, 선생님, 피아니스트, 성악가, 과학자, 운동선수 등'을 이야기하곤 했던 것 같다. 지금 되돌이켜 생각해 보면, 그때의 꿈을 이룬 사람도 있고 전혀 다른 길을 걷고 있는 사람도 분명 있다. 어린 시절 꿈과 전혀 다른 일을 하고 있을지라도, '내 어린 시절 꿈이 무엇이었는지' 혹은 '내가 왜 그런 꿈을 꾸었었는지'를 생각해 보면, 어린 시절의 추억이 새록새록 떠오르는 것 같기도 하다.

　어린 시절, 당신의 꿈은 무엇이었는가? 필자는 초등학교 3년 시절 교정에 있는 '대원 탑'에 20년 후 자신의 꿈과 목표가 이루어짐을 보증하기 위해 '공장장'이라는 목표를 타임캡슐에 담아 제출했다.

1남 5녀 중 장남으로 초등학교 3학년 시절 교정에 있는 '대원 탑'에 20년 후 자신의 꿈과 목표가 이루어짐을 보증하기 위해 '공장장'이라는 목표를 제출한 후, 성장하여 포항종합제철 계열사인 포스코강판(구 포항도금강판)에 입사, 창설 구성원으로서 IT 기획, 네트워크 구축, 운영, 솔루션 기획 등 전 분야에 걸쳐 업무를 수행하였으며 포스코 그룹사 IT 인력 외부용역 시 포스코ICT로 수평 이동하는 등 활발하게 활동하며 26년 1개월을 근무했다.

필자는 이처럼 '대원 탑'에 20년 후 자신의 꿈과 목표가 이루어짐을 보증하기 위해 '공장장'이라는 목표를 타임캡슐로 제출하고, 포항종합제철에서 성장한 경험을 이야기한다. 그렇다면 이 책을 보는 여러분에게 성장 과정이라는 것은 무엇이며, 어떻게 기록하는 것이 스스로에게 좋은 영향을 끼칠 수 있을까? 기업 등에 입사하기 위해 성장 과정을 이야기할 때, 어떤 식으로 이야기를 구성해야 하는 것일까? 무엇보다 어린 시절부터 뚜렷한 목표 의식과 목표를 이루기 위해 계획을 세우고, 차근차근 계획을 실천하여 목표를 성취해 내는 과정을 기록하시면 될 것이다.

일반적으로 조직이 성장 과정을 통해 알고 싶은 것은 크게 3가지이다.

첫째, 부모님으로부터 영향을 받은 가치관이나 인생관 그리고 그로부터 생긴 자신의 직업관
둘째, 진로를 결정하게 된 계기
셋째, 학창 시절 어떤 사람이었는가?

즉 과거를 통해 지원자의 성격이나 성향을 유추하고 이후 회사 생활을 하면서 어떤 모습을 보일지 짐작해 보고자 하는 것이다. 그러니 부모님이나 가족관계 위주로 소개하는 것보다는 '나'에 초점을 맞추어 작성하는 것이 좋다.

성장 과정을 쓸 때는 20년이 넘게 성장해 왔던 과정 전체를 구술하려 하기보다는 기업과 직무에 연관되는 특정 사건이나, 나에게 영향을 준 인물 위주로 작성하는 방법을 선택하는 것이 좋다. 앞서 이야기했던 것처럼 살아가는 데 중요하게 여기는 가치, 그 회사나 직무를 선택하게 된 특정한 계기와 그것에 영향을 준 사건, 공부 외에 했던 활동이나 거기서 얻게 된 교훈을 위주로 무엇을 쓸지 선택해 보자.

성격이라는 것은 어떻든 장단점이 있다. 동전의 양면처럼 장단점이 꼭 붙어 다닌다. 그러니 결국 좋은 성격이라는 것은 장점을 잘 살려서 그 장점이 겉으로 많이 드러나는 성격을 말하는

것이다.

자신의 장점을 잘 드러내려면 자신이 가진 장단점을 일단 알아야 할 것이다. 없는 그것을 있는 척하다가는 금방 들통이 날 테니 자신의 것을 잘 파악하는 것이 현명한 일이다. 즉 자신을 있는 그대로 받아들이는 것이 필요하다. 이것이 잘되지 않아 약점을 스스로 받아들이지 못해서 억지스럽게 표현하는 사람, 그 표현방식 때문에 현실에 적응하는 데 있어서 자신에게나 사회적으로 주요한 기능장애를 초래하게 되는 사람을 성격장애자라고 이야기한다.

말이 쉽지, 자신의 모습을 그대로 인정한다는 일이 쉬운 것은 아니다. 흔히 특기의 정의는 '남이 가지지 못한 특별한 기술이나 기능'이라고 한다. 이렇게 경쟁 속에 사는 우리에게 잘한다는 건 1위 말고는 의미 없게 돼버렸다. 우리는 항상 나보다 잘하는 사람이 아무도 없는 그 무언가를 찾게 된다. 내 실력이 남들에게 조롱당하거나 내가 가진 재능이 보잘것없다는 사실을 알게 될까 봐 두려웠다.

하지만 긍정적인 사람은 자신이 세상을 보는 방향을 긍정적인 것으로 정하고, 자기 삶의 틀을 만들어 낼 것이다. 또한, 인간관계에서 상호 존중을 유지하는 동시에, 상대방에 대한 인권과 책임 사이의 균형을 이룰 수 있다. 이는 자신과 다른 사람에 대한 태도로 정의될 수도 있다.

자기 확신이 있는 사람들은 자신의 의견을 제대로 표현하고 자신의 견해를 지키는 방법을 알고 자신의 환경이나 주변 사람을 탓하지 않는다. 타인을 탓하는 사람들은 자기 자신에만 관심을 가져 인간관계가 더 넓어지지 않으며 항상 자신의 약점을 과장되게 의식하고 상처받고 강박적인 비교를 하면서 타인보다 우월해지고 싶어 하기 때문에 그런 것이다.

도시락 반찬은
달걀부침 한 장으로

달걀부침을 해서 도시락 위에 올리거나, 달걀을 풀어 알고명을 만든 다음 오므라이스처럼 김치볶음밥을 싸면 도시락 완성~! 하얀 쌀밥 위에 기름 자르르한 달걀부침을 밥 위에 얹어 내면 끝~!! 그러나 4교시 끝나면 쭈글쭈글 달걀이 되어버리곤 한다.

지금은 초등학교이지만, 당시에는 국민학교, 누구에게는 30년 전, 누구에게는 40년 전, 누구에게는 50년 전 추억일 것이다. 사진은 흐릿해져도 추억은 어제처럼 선명하다.

어릴 적, 어머니가 달걀부침을 해주실 때는 식용유를 두르고 달걀을 톡 깨서 내게 주셨다. 그 당시에 달걀이 귀했기에 도시락 위에 달걀부침을 얹어서 싸주시기도 했다. 그래서 내게는 달걀부침이란 당연히 그렇게 해서 먹는 것이었다. 또, 하루 중 아무 때나, 아침이든 점심이든 저녁이든 상관없이 반찬이자 간식처럼 먹는 것이기도 하다. 달걀부침은 어떻게 만들어 먹든 맛있

고 부드럽지만, 어머니가 해주시던 그 맛은 아니라서 나는 여전히 내가 먹을 달걀부침을 할 때는 식용유를 두른다.

우리 세대의 달걀에 대한 추억은 무엇이 있을까?

교실의 난로 위에 하나씩 올려져 있던 양은 도시락! 그 도시락의 묘미는 밥 아래 숨겨져 있던 달걀부침이 아닐까 싶다. 어렵고 힘든 시절, 귀하디귀한 어머니의 사랑이 담긴 양은 도시락 속의 달걀부침은 친구들의 부러움의 대상이었다. 따로 단백질을 보충할 수단이 많지 않은 그 시절, 달걀은 정말 더할 나위 없이 소중한 단백질 공급원이자 누구나 반기는 음식이었고 달걀부침 하나면 온 친구들의 부러움을 한 몸에 받기도 했다. 친구들에게 빼앗길까 봐 도시락통 바닥에 숨겨서 손으로 가려 먹으면 그 행복함이란 말로 다 설명할 수 없다.

따뜻한 밥과 달걀부침 하나, 그리고 무말랭이 혹은 김치를 한데 흔들어 비벼서 먹을 생각에 점심시간을 기다릴 수가 없어 중간 2교시나 3교시에 꺼내먹던 그 시절, 보온도시락이 나오기 전 겨울철이면 달걀부침을 뒤집으며 난로 위에 올려놓곤 했던 양은 도시락. 난로에 올려놓은 도시락에서 밥과 달걀부침의 고소한 냄새에 군침이 꿀꺽 넘어가고 비록 그때 그 시절과 같이 난로에 도시락 올리는 쟁탈전이라든가, 친구들과 도시락을 먹는 소소한 행복 그것만큼은 아니겠지만 그래도 여전히 이 양은 도시락엔 우리 세대의 추억과 어머니의 사랑이 들어있는 달걀부침이 빠지면 섭섭하기도 하다.

사실 급식이 일상화된 요즘 세대들에게는 낯설겠지만, 중장년 층들은 도시락에 얽힌 애환이 많다. 도시락은 늘 어머니를 떠올리게 한다. 모든 가족이 잠든 이른 새벽부터 부엌에서 찬거리를 분주하게 마련하는 모습, 조금이라도 온기가 남아 있는 음식을 먹이려 보자기로 꽁꽁 싸맨 도시락은 늘 추억의 언저리를 맴도는 풍경이다. 또 굶주림이 일상이었던 과거, 도시락을 싸지 못해 수돗가에서 물로 배를 채우거나 고구마나 감자로 때워야 했던 이야기는 어린아이들에게 '옛날 옛적 전래동화' 같은 먼 과거가 됐다. 보리밥에 김치 하나 또는 달걀부침 한 장인 도시락이 부끄러워 내놓지 못했다는 아픈 추억에 이어 달걀·장조림 반찬이 부러웠다는 세대들 그리고 햄·소시지와 보온도시락 등장까지 시대별 변천사를 이어가며 '나 때' 시절을 소환하기도 한다.

이 땅에 나고 자란 사람들끼리도 자라난 환경과 조건 등에 따라 생길 수밖에 없는 문화 차이겠지만, 가끔 나는 식용유를 샤라락 두르고 밑이 살짝 바삭한 달걀부침을 만들어 먹어야겠다, 울 어머니가 해주시던 것처럼.

세월이 흘러 흘러 1년에 한두 번 체험학습 때나 편의점 신상으로 출시되는 도시락에 더 익숙해진 요즘이다. 가끔은 아이에게 도시락을 싸 줄 기회가 점점 사라지는 것이 아쉬울 때도 있다.

그런데 점점 사라져가던 도시락이 다시 일상으로 파고들고 있다. '코로나19' 때문이다. 한동안 수그러들었던 '코로나19'가 무서운 기세로 재확산된 데다 '깜깜이 감염' 'n차 감염'이 늘면서 식당 등 다중시설에서 식사하는 것을 꺼리는 직장인들이 늘어서다.

점심시간이 가까워져 오면 배달앱을 검색하고 매일같이 건물 곳곳에 일회용품들이 쌓이는 것도 일상이 됐다. 매일 먹어도 물리지 않았던 어머니의 도시락과 달리 배달 도시락은 화려한 꾸밈에도 한두 번이 지나면 다시 먹기가 힘들어진다.

이제는 메뉴를 고르는 것도 고역이다. 애잔함과 따뜻한 추억을 선사했던 도시락이 힘겨운 상징이 된 것이다. 먼 훗날 도시락은 어떤 모습으로 진화할까. 옛날 어머니가 싸주시던 도시락이 그리워진다.

바람의 언덕

어머니는 늘
"내 죽으면 유골 바람에 뿌려라." 하신다.

평소 여행을 좋아하셨던 어머니
몸 불편하신 뒤 바깥출입 자제하시고
외로움 홀로 삼키시며 종이학만 접으셨다.

한평생 힘들게 살아오신 삶에
늘 자유를 꿈꾸신 어머니
이제 큰 자식 시인 되어 그 마음 헤아리고

어머니 소원 들어드리려 하나?
동생들 반대 심한데

아버지 생신날
동생들은 바람에 어머니 유골
흔적 없이 날릴 수 없다며
차라리 수목장 권하지만
어머니 허락지 않으시니
나는 아무 말 못 한 채 돌아선다.

그래

어머니 그리우면

어머니 떠나셨던 그곳에서

하늘 보며 "엄마!~" 하고 찾으면

어머니 영혼 훨훨 자유로이 나시다.

바람으로 우리에게 오실 것을.

- 송치복 시집 『바람의 언덕』 중

학교 수돗가에서
물로 배를 채우다

    학교 점심시간을 알리는 종소리가 울리자마자 나는 재빨리 운동장 밖에 있는 수돗가로 가서 물로 배를 채운 적이 있었다. 하루에 그 많은 우유를 전부 먹을 수는 없다. 나는 친구가 우유를 먹는 모습은 한 번도 못 봤지만 초등학교 다녔던 6년 동안 도시락을 제대로 싸가지 못해 수돗가에서 물로 배를 채워야 하기도 했다. 그 시절, 배를 굶다가 견딜 수 없으면 수돗가에 나가 물로 허기를 달랬다. 고구마나 감자로 때우거나 친구들끼리 공놀이로 허기를 달래기도 했다.

    정부에서 지원하는 무료급식이 있는 요즘도 그런 아이들이 있을까 의아스럽지만, 가난이나 혹은 부모님의 이혼으로 도시락을 싸 오지 못해 다른 친구들이 점심을 먹는 동안 수돗가에서 물로 배를 채우고 운동장을 방황하는 아이들이 있던 시절이었다. 도시락을 준비 못 해 벌어진 일이었다. 학생들의 형편이 좋지 않았다. 선생님들은 점심시간에 학교 수돗가에서 물로 배를 채우는 아이들이 보이면 "선생님이 빵이 먹고 싶다"라며 데려가 빵을 사주곤 했다.

지금이야 학교급식 덕분에 바쁜 일상에서 학부모들이 자녀의 점심을 걱정할 필요가 없으니 얼마나 고마운 일인지 모르겠다. 옛날의 나처럼 수돗가에 뛰어가 물로 배 채우는 일도 없을뿐더러 영양교사가 영양이 풍부한 식단을 일일이 챙겨주니 얼마나 고마운 일인가.

빈털터리로 왔다가 빈털터리로 가는 것이 우리네 인생이거늘 더욱 열심히 슬픈 사람의 눈물을 닦아주며 아픔을 나눠 절반이 되게 하고, 기쁜 사람과 함께 해 기쁨이 배가 되도록 사랑을 마음껏 나누는 아름답고 행복한 삶을 우리 모두 이뤄 보자. 허기를 채우기 위해 수돗물을 마시는 어린이들이 더는 없었으면 좋겠다.

빡빡머리
중학교 시절

나는 동적이기보다는 정적인 사람이었다. 중학생 때부터 움직이기보다는 앉아 있는 것을 좋아했기에 체육 시간을 그리 좋아하지 않았다. 차라리 앉아서 책을 보는 것이 더 편했다. 그 후 내가 선택한 직업도 주로 앉아서 하는 일. 그렇게 시작되고 굳어진 내 오랜 습관은 10년 전부터 급기야 목, 허리 디스크로 이어지게 되었다.

병원에서는 앉아 있기보다는 걷기를, 움직이기를 강력히 추천했다. 주치의는 걸어야 산다며 침을 튀기면서 강조했고 그 후 나는 살기 위해 걸어야 했다. 이제 남은 인생 기쁘게 살기 위해 산행을 내 취미에 추가하련다.

요즘엔 걷는 것이 일상이 되었고 일부러 더 걸으려고 한다. 가끔 이런 생각을 하곤 한다. 만일 내 몸 어딘가 망가져 걸을 수 없게 된다면, 아니 누워만 있게 된다면 어떨까? 생각할수록 숨이 턱턱 막힌다. 내 의지로, 내 발로 어딘가를 간다는 것은 내겐 건강 유지의 비결이요 일상이요 행복이기 때문이다.

우리에겐 1960년대의 추억이 살아있다. 기다랗고 커다란 안테나가 달린 흑백 TV. 리모컨 같은 건 존재하지도 않았고 회전식 다이얼이 붙어 있어 손으로 직접 채널을 돌렸던 걸 기억한다. 텔레비전 화면이 잘 안 나오면 한 사람이 옥상에 올라가서 실외 안테나를 좌우로 돌려 안테나 방향을 맞추곤 하였고, 텔레비전에는 문도 달렸고, 열쇠가 있는 텔레비전도 있었고, 다리도 네 개 있었다. (대한전선, 이코노 TV)

친구들과 동네 사람들이 모여서 전설적인 프로레슬러 김일, 복싱 챔피언 홍수환, 김기수 등의 스포츠 경기와 〈여로〉, 〈팔도강산〉, 〈아씨〉 같은 한국 드라마, 〈전투〉, 〈육백만 불의 사나이〉, 〈소머즈〉, 〈원더우먼〉 등의 외국 드라마를 보았던 걸 기억한다.

아침부터 부엌에 나가 아궁이에 나무를 때거나 연탄을 갈고 때로는 풍로에 불을 붙여 밥을 하시던 어머니를 기억한다. 우리는 부모님이 하시는 남의 집 일 또는 농사일 등을 도와야만 했으며, 일이 끝나면 해가 져 어두울 때까지, 형 누나들과 얼음 땡, 딱지와 구슬치기, 팽이치기, 무궁화 꽃이 피었습니다, 고무줄, 땅따먹기, 숨바꼭질, 새총, 고무총이나 나무 칼싸움, 다방고를 하며 놀았다.

하늘에서 떨어지던 북한의 전단을 보았고 그것을 모아 학교에 갖다 주면 공책 한 권과 연필 한 자루를 받았던 기억도 있다. 〈황금박쥐〉, 〈타이거 마스크〉, 〈마린보이〉, 〈아톰〉, 〈캔디〉, 〈은하철도 999〉, 〈마루치 아라치〉, 〈똘이 장군〉, 〈마징가Z〉, 〈그랜다이저〉, 〈짱가〉 등의 만화영화를 보고 자랐다. 초등학교가 아닌 국민학교에 다녔다. 라면땅, 자야, 아폴로, 크라운산도 등과 같은 과자와 쫀드기, 쫄쫄이, 달고나, 띠기 같은 불량식품을 먹고 자랐으며 동네마다 울려 퍼졌던 화약총을 기억한다.

운동회 때 하얀 체육복을 어김없이 입었었고, 곤봉, 매스게임, 차전놀이, 단체 무용, 포크댄스(손잡기 싫어서 나뭇가지를 서로 잡고) 등등을 무수히 연습했던 걸 기억한다. 하굣길에 애국가가 울려 퍼지면, 왼쪽 가슴에 손을 얹고 가던 길을 멈춰 서 있어야 했다.

새마을운동이란 것에 익숙해, 어김없이 아침 무렵 동네 어귀에 울려 퍼지는, "새벽종이 울렸네−새 아침이 밝았네~"라는 노래를 듣고 자랐다. "우리는 민족중흥의 역사적 사명을 띠고 이 땅에 태어났다. 조상의 빛난 얼을 받들어"로 시작하는 국민교육 헌장을 아무 뜻도 모르고 외웠고, "기미년 삼월 일일" 하는 3.1 절 노래를 알고 있고, "무찌르자 공산당" 하는 6.25 노래도 알고 있다.

학교에서 대변(기생충 검사용), 나락, 쥐꼬리, 솔방울 등을 가져오라고도 하고, 조막손으로 봄에는 식목하고, 가을에는 길가에 코스모스를 심었으며, 학교 내에서는 통일동산을 꾸몄다.

교정에는 이순신 장군 동상과 반공 소년 이승복 동상이 있었다. 박정희 대통령이 서거하셨단 소리를 듣고 텔레비전에서는 영정사진만 며칠 동안 나왔던 걸 기억한다. 죠다쉬, 빌리진, 뱅뱅, 써지오 바렌테, 핀토스 등등의 청바지들과 승마 바지도 기억한다.

쇼 비디오 자키에 나오는 뮤직비디오가 참 재미있었다. 올림픽을 보면서 〈손에 손잡고〉를 따라 불렀다. 〈영웅본색〉의 주윤발이 한국에 와서 "사랑해요. 밀키스"라고 떠드는 것을 텔레비전 광고에서 봤다. 〈천녀유혼〉의 왕조현이 한국에 와서 "반했어요 크리미"라고 하는 것도 봤다.

〈별이 빛나는 밤에〉를 들으며 좋아하는 노래를 카세트테이프에 녹음했으며. 팝송을 한글로 적어 따라 부르곤 했다. 런던 보이스, 웸, 모던토킹, 아바 등의 외국 가수들을 통해서 고고 '댄스'란 걸 알았다.

친구들과 카세트를 어깨에 메고, 모닥불 피워놓고 밤새도록 놀던 기억이 있다. '선데이 서울'이나 '건강 다이제스트'를 기억하며, '플레이보이', '펜트하우스'와 같은 외국 성인잡지를 친구들과 돌려보면, 어떤 불량한 녀석(?)이 볼(^^)만한 페이지를 몰래 찢어가곤 했다.

교복을 입고 중·고등학교에 다녔고, 학과목에 교련 과목이 있어 제식훈련, 총검술과 구급법을 익혔다. 큰 도시에는 시내버스 토큰도 있었지만, 학생 때에는 매점에서 회수권을 다발로 구입하고 그걸 아끼려고 열한 장으로 작업해서 잘랐다.

이미자, 남진, 나훈아, 하춘화, 조미미, 배호, 펄시스터즈, 김상희, 윤항기, 패티김, 조영남, 이종용, 이용복, 이현, 정미조, 김정호 등의 가요와 장현, 양희은, 어니언스, 서유석, 이장희,

트윈폴리오부터 남궁옥분, 소리새, 해바라기, 이문세, 이연실과 같은 통기타 포크송을 두루 섭렵하고, 들고양이, 사랑과 평화, 산울림, 다섯 손가락, 이치현과 벗님들을 비롯하여 대학 가요제에서 배출한 라이너스, 샌드페블즈, 휘버스, 영사운드, 블랙테트라, 옥슨, 건아들, 송골매, 런웨이, 마그마, 해오라기, 노고지리 등 그룹사운드 음악을 들었다.

조용필과 이용과 전영록도 기억하며, 묘하게 그때는 그중 한 명만을 좋아했다. 이선희, 김현식, 이상은, 김광석, 유심초를 좋아했고, 그러다 나타난 서태지와 아이들의 노래에 세대 차이를 느끼고, 한때에는 서면 북성극장 외팔이 시리즈, 시장통 참기름이 그윽한 칼국수, 코스모스 나이트, 대한극장 지하 나이트, 학사주점 등에서 밤 문화를 풍미했던 바가 있지만 이후 젊은 아이들이 테이블에서 술 마시며, 그 자리에서 춤을 춘다는 록카페가 참 신기했다. 암튼 밤 12시 넘어서 새벽까지 술집에서 당당하게 솔담배와 접대용(?) 청자 담배를 피우며, 술을 마실 수 있다는 게 너무너무 좋았다.

삐삐의 암호와 같은 숫자의 뜻을 모두 알고 3535란 숫자를 제일 좋아했다. 일부러 공중전화부스 옆에 가서 삐삐와 씨티 휴대전화기를 꺼내 통화하며 뿌듯해했다.

희한하게도 우리는 이렇게 제도의 변화란 변화는 모두 겪으며 그렇게 사회인이 되었다. 중요한 고비마다 닥쳐왔던 불리한 사회적 여건을 원망했지만, 그래도 열심히 살았다. 어느 날 문득 뒤돌아보니, 벌써 50세가 넘었다. 누구보다도 열심히 살아왔던 우리 모습에 영화처럼 머릿속으로 옛 추억이 스쳐 지나가는 당신은 1950년대부터 1980년대 초까지의 등하굣길, 남학생들은 교복과 빡빡 깎은 머리, 여학생들은 교복과 달랑 자른 단발머리, 그것으로 학생임을 인정하던 때가 있었을 것이다.

1974년 서울에서 고교평준화가 시행되기 이전에는 고등학교를 선택해 진학했고 중고등학교 시절 내내 교복을 입었던 교복 세대이다. 6년 동안 교복을 입고 다녔는데, 중고등학교 교복과 교련복은 숱한 사연, 그리고 아름다운 추억들을 수없이 만들어 주고 역사의 뒤안길로 사라졌다. 당시 학창 시절을 보냈던 분들의 감회가 새로울 것 같다.

검정 교복에 모자를 약간 삐딱하게 쓰고 교복 맨 위 단추도 하나쯤 풀어놓은 후 풀 먹여 빳빳하게 세운 흰 옷깃을 세우고 등교하던 그때 그 시절은 오래전 학창 시절의 모습들이다. 처음 교복을 사서 3년 동안 곱게 입고 가정형편이 어려운 입학생에게 줬던 그런 추억도 있을 것이다. 거의 모든 교복이 검정이어서 등교 때가 되면 거리는 검은색으로 변했다.

남학생은 목에 거는 호크라는 것을 매었고 여학생들은 블라우스를 입고 등교했다. 그때 나는 많은 학생이 공통으로 검정의 교복을 입는다는 데에서 일체성을 느꼈다. 우리는 딱 맞는 교복을 사기 원했고, 부모님들은 한 치수 큰 교복을 원했다. 그렇게 서로 옥신각신하며 서 있다가 결국, 어머니의 의견으로 좁혀져

한 치수 큰 교복을 사게 되었다. 옷을 마음대로 골라 입을 수도 없고 친구들과 똑같은 옷을 입고 공부를 하는 시기였었다.

당시 중학교 시절을 회상해본다. 풍생중학교豐生中學校는 1966년 11월 19일 설립된, 학교법인 풍생학원으로 경기도 성남시 수정구 수진동에 있는 사립 중학교였다. 1960년대 지금의 성남 시가가 제대로 형성되기도 전 지금의 수정구 중앙로 변에 교문을 열었고 1973년부터 전교생을 대상으로 태권도 교육을 시킬 만큼 당시 풍생중 하면 태권도부와 축구부가 유명하였다.

태권도부는 1974년 창단돼 30년 넘게 유지됐었고, 축구부는 1982년 3월 20일에 창단하여 4개월 만에 경기도 축구협회에서 주최한 88올림픽 유치기념 제1회 KBS배 추계 전국 중·고 축구대회 도예선대회에서 우승을 하였을 만큼 저력이 있었다. 전통을 이어가며 명성을 이룬다는 것은 절대 쉽지 않다.

중고 책방에서
플로피 디스켓으로 바꾼 사연

요즈음은 대형 중고서점에다 책을 팔아서 돈을 버는 일에 익숙하다. 보지 않는 책이 늘어나는데 책장을 늘릴 수는 없고 먹고 살기는 힘들어서 책을 돈을 받고 판다.

예전에 고등학교 시절에 중고책방 선반엔 주로 중고생들의 '참고서'가 꽂혀 있었다. 다른 동네서점과 비교해서 특별히 달라 보이지는 않았다. 서점 분위기는 한가해 보이고 이따금 참고서를 사러 들어오는 중고생들이 있었다.

당시 디스켓을 구입할 돈이 없어 나는 그동안 끼고 살았던 참고서를 모두 던져 버리고 중고책방에 팔아 그 당시 종로3가 세운상가(옛 전자상가)에서 5,000원 하던 디스켓을 구입하곤 했다. 이때의 일탈(?)이 컴퓨터 공부를 지속할 수 있는 계기가 되었던 것이다.

자신이 일부러 선택했든 혹은 어쩔 수 없이 그 길을 가게 됐든 자신이 본래 꿈꿔왔던 길을 걷게 된다. 가끔 현실이라는 단단한 고리에 묶여서 내가 하고 싶은 것을 하지 못하는 경우가 있다. 아무리 과거를 아쉬워해 본들 무슨 소용이 있겠는가? 고로 이제 나는 현재 내게 주어진 삶에 최선을 다하면서 거룩하고도 행복하게 살려고 한다.

중학생 당시 인내와 전진으로 풍요로운 세상 구현이 될 것이라는 이념 철학으로 "열정과 용기로 학문과 지혜를 연마하여 풍요PROSPERITY로운 인간 세상 구현을 위해 부단히 인내PATIENCE, 전진PROGRESS하는 자랑스러운 풍생인이 되자."라는 교육목표가 있었다.

또한 전 국민 생활영어 열풍이 불어 '영어몰입교육'이 실시되어 영어 경시대회 같은 게 있었는데, 단연 일등이었던 책은 故 송성문 씨의 『성문 종합 영어』였으며 영어 하면 번뜩 성문 종합 영어의 푸르스름한 표지를 떠올릴 정도였다. 여기에 더해 『민병철 생활영어』 역시 선풍적인 인기를 일으킨 바 있다.

한편당시는 체벌이 인성과 교육 목적이라는 핑계로 성했던 시절이라 그다지 그것을 크게 구타나 그 이상으로 받아들이지는 않았다.

한 번은 영어 암송대회 학교별 경연이 있었는데 전교생이 외워야 했다. 못 외우면 가차 없이 학교 운동장에서 곡괭이 자루나 야구방망이로 맞는 건 일도 아니었다. 대체 무슨 놈의 경시대회가 그때는 그리 많았는지 수학 경시대회, 과학 경시대회 이름만 붙이면 되는 시기였고 아침 첫 수업이 시작되기 전과 방과 후 밤늦게까지 자율학습이라는 이름으로 대학입시 지도를 하는 변형된 보충수업이 고교에서 널리 행해지고 있었다.

야간자율학습은 정규수업이 끝난 뒤 야간에 학생을 대상으로 교실이나 별도로 마련된 공실을 이용해 자습하게 하는 제도로 흔히 '야자'라고 부르기도 한다. 1980년대에 당시 대통령이었던 전두환 씨는 '사교육을 없애버리겠다'라는 핑계를 들었지만, 실제 의도가 정말 그랬을지는 모르겠다. 당시엔 대통령인 전두환의 심한 폭정으로 야간통행금지까지 행해지던 터였다. 매일 아침 일찍 등교해 야간 자율학습을 마치고 캄캄한 밤에야 집에 가는 고등학생들의 모습을 보면서 절대로 그런 생활을 하고 싶지 않았다.

1980년 7월 30일 교육 개혁조치를 단행하여 재학생의 과외 및 보충수업을 전면 금지하자 대학진학률에 매달리던 각 중·고교에서는 이를 대신하는 수단으로 방과 후 야간 학습을 도입한 것이 시발점이었다. 그냥 귀가해서 쉬고 싶은 학생을 '학업 성취도를 올린다'라는 목적으로 전부 가둬 놓는 곳이 대부분이었다.

담임 선생님들은 학생의 생활 환경 등을 파악하기 위해 학기 초에 야간 자율학습 시간을 쪼개서 학생을 불러서 면담했고 간혹 강제 야자에 부담을 느끼고 그냥 자퇴하고 집에서 공부하여 검정고시를 보는 학생들도 있었다. 당시에는 학교 구타도 이루 말할 수 없었다는 것을 감안해 보면 납득이 가는 행보였다. 우리에겐 또 다른 우울한 역사의 한 페이지였다.

어릴 적 2살(1967년)에 가족과 함께 이사 온 곳이 이곳 성남이었는데 기억으로는 그때 아버지께서 성남이라는 곳이 새 서울이될 것이라는 이야기를 하셨다. 생각해 보면 지금에야 정말로 새서울이 된 것 같다.

나는 그저 단대동에서 모란까지 4km 정도 되는 거리를 걸어다녔고 오일장이던 모란시장과 모란 다리, 미군 공군기지는 그야말로 놀이터였다. 지금의 신흥역에서 태평동 이마트 가는 언덕길을 어머니 손에 이끌려서 다니기도 했고 어머니께서 성호시장 가는 길을 따라가 튀김(지금의 어묵) 하나라도 얻어먹으려고 참많이도 왔다 갔다 했다.

풍생중·고등학교가 있는 모란은 오일장 모란시장이 서던 곳이었다. 모란 다리가 지금은 복개천에서 옆 공영주차장으로 이전했지만, 모란 장터는 굳이 물건을 사지 않아도 즐거웠다. 장꾼들이 펼쳐놓은 물건들을 구경만 하는데도 하루해가 짧은 곳이모란장이다. 물건을 놓고 흥정하는 모습은 지나치던 구경꾼이미소를 짓게 했다.

성남 모란장은 사람 냄새가 물씬 풍기는 장터다. 물건을 사고, 판다기보다 우리가 그리워하는 정情들을 팔고 산다는 말이

어울리는 곳이다. 물건을 사지 않는다면 단돈 만 원만 가지고 나가도 하루가 행복한 곳이 모란 장터이다.

　모란은 성남시의 역사와 함께하고 있다. 70년대 서울에서 밀려난 철거민들이 성남으로 집단 이주를 하면서 모란장은 급속도로 커졌다. 당시 정부는 성남의 야산을 껍질만 벗겨 내고 사람들을 살게 했다. 벽돌로 얼기설기 지은 집들은 발로 걷어차면 넘어질 정도로 부실했다. 그마저 없는 사람들은 천막으로 비 가림을 했다.

　여관이 전국에서 가장 많기도 한 성남의 참모습은 성남 사람들이 만들어 낸 끈덕진 삶이었다. 종합시장 건너편엔 집창촌이 널려 있었고 하루 벌어 하루 먹는 노동자들이 많아 밤마다 집안 싸움 하는 곳들이 많았다. 사는 게 사는 것이 아닌 시절이었다. 가족이 살아가기엔 생필품이 필요했지만, 그것을 사기엔 너무나 가난한 시절이었다.

　지금의 성남은 두 개의 서로 다른 공간이 존재하는 도시다. 하나는 서울에서 밀려난 철거민들을 중심으로 형성된 시가지, 다른 하나는 신도시 분당이다. 분당과 성남시청이 있는 구시가지 사이에 자리 잡은 모란 장터는 천당과 지옥의 중간지점에 있다.

　분당 신도시에 사는 이들은 성남 시민이길 거부한다. 행정구역상은 성남시 분당구가 맞지만, 정신적 시계는 서울시 분당구라고 생각하며 산다. 분당구가 서울시 강남구나 송파구 옆에 있다고 하는 그들은 여간해선 사람 냄새 풀풀 나는 성남을 지나다니지 않는다. 아파트촌에 임대 아파트 하나 있으면 피해 다니듯, 분당 사람들은 성남 시가지를 거들떠보지도 않는다. 사는 모습이 다르다는 이유다.

검은색 그리고 자율복이었던
고등학교 시절

풍생고등학교(豊生高等學校, Pungsaeng High School, 이하 풍생고)는 경기
도 성남시 수정구 수진2동에 있는 사립 고등학교로, 1974년에
개교하였고 풍생고의 축구단은 역사와 전통이 깊은 명실상부한
대한민국 대표 고교축구단 중 하나가 되었다.

1980년 고교평준화 시책에 따라 학교 특색의 발현을 위해 특
활부가 창단되었다. 당시 축구에 재질이 있는 우수한 중학교 선
수들이 고등학교에 축구부가 없어 타 시·도로 전출되는 일이
많았으며 인재 유출이 심각했다. 당시 성남은 신생 도시로서 시
를 대표할 만한 운동부가 없었다.

이에 축구에 대한 남다른 관심과 인연을 갖고 있던 홍사흥 교
장 선생님이 학교를 대표하고 지역 사회를 대표할 수 있는 축구
부 창단을 결심하게 되었다. 그러한 결단은 성남시 지역 사회의
사기 진작은 물론 시민의 애향심을 고취하는 효과를 가져왔다.

그렇게 생긴 풍생고 축구부는 1980년 창단하였으며, 80년대 초반에는 국가대표 골키퍼 출신이자 전직 국가대표 감독이었던 함흥철 씨의 지도를 받기도 하였다. 이후 조관섭 감독의 지휘 아래, 1990년대 후반부터 김근철, 양현정, 권찬수, 김영선 등 선수를 꾸준히 배출했던 바 있으며, 2000년 성남 일화 천마가 경기도 성남시 프로 축구단으로 입성하자 일화와의 협력관계를 강화하며 전환기를 맞이하였다.

전국대회 우승만 총 11차례에 이르며, 준우승과 4강 진입, 경기도 대회 우승 등을 합쳐 그 수는 기하급수적으로 늘어났다. 지성길 감독(1980년), 함흥철 감독(1981년), 최만희 감독(1982~1990), 조관섭 감독(1991~2014), 고정운 감독(2014~2016), 구상범 감독(2016~2019)의 지휘를 거쳐 김우재 감독(2019~)이 현재 부임 중이다.

신영철, 황의조, 한상현, 김근철 등의 선수를 배출함과 동시에 2019년에는 졸업 제20회를 맞이했다. 선배와 후배 그리고 친구들과 가족들이 한자리에 모여 이야기꽃을 피우고 마련된 각종 게임을 하면서 친목과 화합의 장을 만들어 내는 가운데 어느덧 지난날들의 추억들이 새록새록 머리를 스치며, 아련한 지난날들의 추억에 잠기기도 한다.

풍생고는 아무리 시대가 변하더라도 변함없는 위상과 역할을 담당하며 다음 세대의 수많은 인재를 배출한 성남의 자랑이자, 지역의 명문고이다. 풍생고에서 배출한 동문이 2만여 명에 달하며, 곳곳에서 지역 사회 발전을 위해 헌신하고 있다. 잠시 가장의 무게와 사회적 지위의 압박을 내려놓고 친구들과 함께 웃으며 그때 그 시절의 추억을 이야기해 볼까 한다.

　풍생고는 '인내忍耐·전진前進'의 창학이념을 높이 치켜세우고 30년을 한결같이 인재 육성에 노력해 왔고 짧은 역사에도 불구하고 명문사학으로 자리 잡고 있다. 1974년 3월 2학급 입학식을 가진 뒤 2019년 1월 3일 현재 제43회 졸업식이 있었으며, 총 1만9천931명 졸업생을 배출했다. 풍생고가 짧은 역사에도 불구하고 명문사학으로 급성장한 배경에는 교사들의 남다른 노력이 있었다. 교사들이 효율적 교육성과와 함께 자율과 책임, 효를 바탕으로 한 품위 있는 사람 육성이란 신조를 현장에 충실히 적용하고 학생들은 애국인·지성인·행동인·창조인·건강인이란 교육목표를 능동적으로 받아들일 수 있는 기본적인 신뢰를 구축하고 있어서 가능했다.

교정을 가득 채우던 목련 나무와 은행나무가 유난히 많아 늦은 밤에 공부를 마치고 집에 갈 때면 그 향기가 그리도 상쾌하게 느껴질 수 없었다. 나는 수정구 새우게(새오개) 고개를 넘어 학교를 내려다보며 기어코 명문 대학을 가리라 굳은 다짐을 했었다. 남학교 학생들의 짓궂은 농담에 때론 당황하기도 때론 눈물짓기도 했던 선생님들, 남몰래 사모의 편지를 보내던 아이들도 있었다. 그러다 친구들에게 들켜 놀림을 받기도 했지. 지금 뭘 하고 계실까. 이젠 교직서 은퇴하실 나이의 선생님들.

한 손엔 몽둥이, 한 손엔 이발기. 등굣길 하루도 빠짐없이 교문 앞을 지키던 학생부 선생님. 그 짧은 머리 조금 더 길러 멋 좀 낼라치면 어김없이 머리 가운데로 고속도로를 냈지. 그 '이발기 선생님'을 피하려고 학교 담을 수도 없이 넘었지만 언젠간 꼭 걸렸다. 바늘로 찔러도 피 한 방울 안 날 것 같다며 그리 험담을 했다.

고교생은 학도호국단 훈련을 받던 시절이다. 교련 선생님으로부터 사열·총검술·제식 훈련 등을 받았는데 고무나 플라스틱으로 만든 M1 개런드 모형총으로 수업했다.

한편 나는 고2 시절 기술 선생님을 만나 지도를 받았는데 자동차에 대해 배우다가 방학 시절 TV 채널에 컴퓨터에 신기함을 느껴 그때부터 컴퓨터 공부를 시작하게 되었다.

성남시의 태동과 함께한 풍생중·고등학교 30년의 역사는 학교 발전의 역사로 기록되고 있으며 성남 발전 1세대 인재들을 집중적으로 육성해 내는 명문 상아탑으로서의 면모를 유감없이 보여주고 있다.

중고등학생 시기는 자기책임과 노력을 요구하는 시기인 만큼 학생 개개인의 특기를 살릴 수 있는 특기 교육을 활성화하고 교사와 학교에 충분한 신뢰를 가질 수 있도록 상담 활동을 크게 강화했다. 그뿐만 아니라 학생들의 기량과 학업성적을 높일 방안으로 연구목적이나 진로상담이 가능한 교무실을 각 층에 배치해 6개로 늘리고 3개의 과학실과 4개의 자습실, 2개의 컴퓨터실, 2개의 동아리방을 확충했다.

이러한 노력과 함께 풍생중·고등학교 출신들은 성남지역은 물론 국가를 구성하는 요소요소의 한 기둥으로 자리 잡아 발전의 주역으로 활동하고 있으며 지역 사회 주인으로 꾸준한 성장을 거듭하고 있다.

교복을 입고 의무적으로 학교를 다니던 고등학교 시절엔 하루빨리 어른이 되기만을 바랐다. "학교 다닐 때가 제일 좋은 거야"라는 어른들의 말엔 당시에 공감이 가지 않았다. 남들은 교실이 그립다고 하는데 낡고 좁은 책상도 싫었고 차갑고 딱딱한 의자에서 온종일 수업받는 것도 곤욕이었다. 학교는 왜 그리도 춥고 또 덥던지, 그리고 또 중간고사, 기말고사 때마다 가슴 졸이던 기억들.

학년이 바뀌고 친한 애가 같은 반이 안 되면 같이 밥 먹을 친구 찾기가 고민, 소풍이나 수학여행 등 어디 갈 때 친한 두 명이 앉게 되고 나머지 한 명은 쓸쓸, 완전 창살 없는 교도소 같기도 하고 온종일 그 답답한 교실에서 훗날 아무짝에도 쓸모없는 함수니 미적분이니 머리가 빠개지도록 자율학습까지 받아 가면서 배웠던 그 시절.

뭐 이런 잡다구릿한 일을 생각하면 너무 나의 시간을 무책임하게 관리한 것 같아 아쉽기도 하고 돌아가면 완전 열심히 새로운 인생을 위해 노력하며 살 수 있을 것 같다는 생각을 많이 하게 된다. 어른이 되고 사회에 나와 보니 그 시절만큼 행복하고 걱정 없던 때가 또 있을까 싶은 생각이 든다.

회사 FAX로 이력서 보낸
또라이 구직자

하나의 꿈은 하나의 점으로 시작된다. 어릴 때부터 꾸었던 많은 꿈이 하나하나의 점이 되어서 내 가슴속에는 많은 점이 찍혀 있을 것이다. 이제는 흩어져 있는 그 점들을 선으로 이어서 만들어야 한다. 많은 점이 이어져 선이 되는 순간 어느새 내 꿈은 폭발하기 시작할 것이다. 꿈이 형상이 아닌 형태로 보이게 되는 것이다. 또한 당신 가슴 안에 꿈이 그려지는 순간, 그 꿈은 당신의 삶이 되어 살아가고 있음을 머리와 마음으로 깨달을 것이다. 꿈을 기록하고 꿈을 정리하고 꿈을 써야 한다. 이제부터 당신은 꿈을 꾸는 사람이 아니라 꿈을 살아가는 사람이 되는 것이다.

1989년 6월, 영등포 텔렉스 유무선 컴퓨터학원에서 5명의 학원생과 함께 학원 강의를 할 때쯤 난 부모님으로부터 포항제철 자회사 모집공고가 났다는 소리를 듣고 아버지와 함께 동대구역을 거쳐 포항까지 갔다. 영일만 소리도 듣지 못한 나. 아무튼 중대한 결정을 내려야 했다. 현재 일하던 학원의 전임강사로 계속 근무하느냐, 아니면 새로운 회사에 입사해 아무런 연고도 없는 포항에서 살아야 하느냐.

새로운 회사 측에서는 갑자기 이력서를 보내 달라고 하는데 경기도 성남에서 포항까지 가려 해도 5시간이 넘게 걸리기에 할 수 없이 근무하고 있는 학원의 fax로 이력서를 보냈다. 요즈음은 이메일로 모든 비즈니스가 진행되지만, 예전에는 상상도 할 수 없는 일이었다.

이력서는 첫인상을 결정하는 데에 중요하고 지원자에 대한 신뢰감과 함께 문서 작성 능력, 커뮤니케이션 능력 등 지원자의 성의 및 열의까지도 파악할 수 있게 되기에 매우 중요한 것이다. 이력서를 보내주면서 구직 의뢰를 하는 경우가 많은데, 최소한 다음과 같은 이력서 작성상의 예의는 갖춰야 한다.

○○ 주식회사 인사담당자님

안녕하세요? ○○○입니다.

귀사의 채용 공고를 보고 연락드리게 되었습니다.

○○주식회사 ○○부에 지원하고자 이력서를 보내드리니 검토해 주시기 바랍니다.

첨부파일 : ○○○의 국문 이력서 및 자격증 사본

지원자 ○○○(016-xxx-XXX)

또한 첨부파일은 파일이 많으면 압축하여 한 개의 파일로 첨부하도록 하여 바쁜 인사담당자가 여러 번 첨부파일을 내려받아 열어보는 수고가 없도록 해야 한다. 메일 내용에는 어떤 서류를 첨부했는지 기재하여 상대방이 곧바로 내용을 알 수 있고 빠지는 서류가 없도록 해야 한다.

한편 당시 준공도 안 된 먼지가 나는 공장에 근무하게 된 나를 기다리는 것은 그저 3개월 동안 한 푼도 받지 못하는 근무조건이었다. 입사가 확정된 다음날 배낭에 코펠과 여러 가지 등산용품을 넣어 열차에 몸을 실었다. 그리고 3개월간 죽어라 일했다.

전산을 공부했지만 나에게 돌아온 것은 수북이 쌓인 매뉴얼. 나는 첫 작품으로 전산시스템 운영매뉴얼을 만드는 작업을 수행했다. 영어로 된 매뉴얼을 영한사전을 놓고 번역해야만 했다. 참 어림도 없는 짓이었지만 밤새도록 번역을 해서 완성했다. 이 외에도 이것저것 몸을 내놓는 부지런함을 발휘하여 1989년 12월 27일 정식으로 입사를 했다.

입사 바로 다음 해에는 회사 자재 무단 분출 등의 첩보가 있어 야간에 회사로 긴급 호출되었다. 근무자 인식부터 바꾸자는 부사장의 지시에 따라 내가 취미생활로 가지고 있던 비디오카메라로 현장을 순시하면서 근무태도에 관한 영상물을 작업하여 현장 근무자 인성교육 보조 매체로 활용했다. 물론 안일한 사고를 갖는 직원들의 시선을 따갑게 받아야만 했다. 직원들은 나를 사측의 앞잡이로 생각하는 듯했다. 그 외에도 전산실에서 여러 가지 일을 하였지만 그러한 전적이 훗날 나에겐 엄청난 미스이고 진급 누락의 길이 되었다.

신입사원으로서 낯선 포항에서 끊임없는 지시와 업무에 치여 낯선 포항에서 살면서 술을 손에서 놓지 못했다. 월급을 받으면 몽땅 술집 외상값 갚기도 바빴다. 상황은 점점 나빠져 3년 후 신용불량자가 되기에 이르자 이를 보다 못한 부모님은 나를 결혼시키기 이르렀다. 한 푼도 없던 나는 그냥 아무런 생각 없이 결혼했다.

난 불교 집안이지만 아내는 기독교였다는 것을 나중에 알게 되었다. 종교적 반발에 부딪히면서도 그저 포항에서 아내 직장인 신갈까지 주말마다 만나면서 교회도 출석하고 흔한 말로 가정의 평화와 질서를 위해 함께 교회에 나가기로 약속하면서 결혼하기로 마음먹었지만, 아들 하나 있는 부모의 마음은 그게 아니지 않나? 결국엔 교회에 나가지 않는다는 각서를 쓰는 조건으로 결혼 승낙을 했다.

여기서 또 10m도 나가지 못하는 중대한 계기가 있었다. 월세방에서라도 시작하라는 부모와 나의 마음은 결국 전세 아니면 안 된다는 강한 의견 때문에 한 차례 소나기를 맞이하기도 했다. 결혼자금 한 푼도 없이 결혼한 나는 그럭저럭 아무런 힘도 없는 그러한 인간으로 낙인찍히게 되어 그저 열심히 벌었다.

그러나 5년 후 그렇게 열심히 달려온 나에게 시련은 또 찾아왔다. 결혼한 후 아내의 종교 문제 등으로 사이는 점점 멀어져 갔고 서로에 대한 관심과 애정도 떨어지기 시작했다. 나에겐 좋아하는 트로트 장르가 있었는데 아내가 아무런 말도 없이 그동안 모아놓은 음반이나 테이프 등을 소각해 버리는 일도 있었다. 당시의 나는 그런 아내가 싫어 집을 비우고 주색에 빠지는 등 서로 괴롭히는 관계가 되면서 부부생활은 점차 나빠져만 갔다.

이러한 부부생활이 일가친척들에게 알려지면서 나는 자숙해야 하는 갈림길에 섰고 다시 일어서려고 몸부림을 쳤다. 이러한 시기 나름대로 열심히 노력하여 여러 정부포상도 받았지만, 아내에게 인정받기는 한참 모자랐는지 상황은 나아지지 않았다. 그때의 심정은 이혼하고 싶었고 정말 나를 사랑해 줄 수 있는 여인을 만나 결혼하고 싶기도 했다. 돈도 그 무엇도 필요 없이 나 자체로 믿어주는 그런 사람이 필요했다. 그러나 이혼을 준비할 용기는 없어 그럭저럭 살아가면서도 부부의 정이 없다 보니 행복한 삶을 느끼지는 못했다. 직장에서 지친 몸을 이끌고 집에 들어가야 하는 순간은 정말 지옥과도 같았다. 매주 교회도 나가는 둥 마는 둥 했다.

나의 호는
암매(岩梅)

누구나 인생의 비상을 갈망한다. 그러면서도 자신을 스스로 가족이라는 덫에 더 깊이 파묻고 산다. 가볍게 여행하기를 꿈꾸면서도, 무거운 짐을 지고 한곳에 머무를 수밖에 없을 만큼 많은 걸 축적하고 산다. 다른 사람 탓이 아니다. 순전히 자기 자신 탓이다.

누구나 탈출을 바라지만 의무를 저버리지 못한다. 경력, 집, 가족 빚. 그런 것들이 우리가 살아가는 발판이기도 하다. 우리에게 안전을, 아침에 일어날 이유를 제공하니까. 선택은 좁아지지만, 안정을 준다. 누구나 가정이 지워주는 짐 때문에 막다른 길에 다다르지만, 우리는 기꺼이 그 짐을 떠안는다.

　　　　　　　－ 더글러스 케네디, 『빅 픽처』, p118에서

암매 또는 돌매화나무는 원래 백두산에서 자랐으나, 빙하기 때 중부 이남으로 내려온 뒤 국내에서는 한라산에서만 자라는 키가 2cm인 아주 작은 식물이다. 세계적으로 가장 작은 목본식물로서 환경부에서 멸종위기 야생식물 1급에 지정한 귀중한 식물이기도 하다. 꽃잎이 매화를 닮았고, 돌 위에 피는 매화라서 돌매화나무라고 한다.

돌매화나무는 새벽에 맺힌 이슬을 먹고 살기 위해서 암벽에서 자란다. 암벽과는 떨어질 수 없는 귀중한 식물이며 자양분은 커녕 물 한 방울 없고, 씨앗 한 톨 살아남을 수 없는 메마른 바위틈에 뿌리를 내리고 꽃을 피우는 그 끈질긴 생명력이 특징이며 꽃이 지더라도 시들지도, 꽃잎이 분리되지도 않고 꽃잎이 변색하거나 쭈그러들지도 않으며 꽃이 핀 모양 그대로 지고, 결코 추한 모습을 보이지 않는다고 한다. 마지막까지 기품 넘치는 자태 그대로인 것처럼 이처럼 어떻게 사느냐도 중요하다는 생각이 든다. 그 어떤 시련에도 자신을 지킬 줄 아는 사람이 되고 싶다.

진짜 비전은 그 자체만으로도 힘을 준다. 자신이 진정으로 원하는 것이라는 확신이 서기 때문이다. 비전을 세워 놓고도 '이 길이 정말 내 길일까?' 하는 회의가 든다면 그것은 진짜 비전이 아니다. 믿음을 주지 않는 비전은 가짜 비전이다. 진짜 비전은 두려움을 넘어설 용기를 준다. 시간이 지날수록 점점 더 간절해지고 뚜렷해진다.

- 문요한의 『굿바이, 게으름』 중에서

꿈은 영어로 Dream, 그 너머의 상위 개념이 비전^{Vision}인데 그에 해당하는 우리말이 없는 것이 늘 아쉬웠다. 그래서 '꿈 너머 꿈'이란 사전에도 없는 말이 어느 날 내 입에서 폭포수처럼 터져나왔는지도 모르겠다. 처음엔 꿈이었을 뿐인데 나중엔 현실이 되고, 그 현실 너머의 또 다른 세상을 꿈꾸는 '꿈 너머 꿈'이 점점 더 간절해지고 뚜렷해지는 것이다.

그룹사 ICT
표준 체계 정립

    우리나라의 정보기술 서비스는 일제시대 내무부 통계국의 국세조사를 위한 펀치카드시스템PCS : Punch Card System 도입에서 기계적 자료처리업무 지원이 시작되었다고는 하지만 실제로는 1950년대 미군의 IBM 컴퓨터 도입에서 본격적으로 시작되었다고 보는 것이 타당하며, 우리나라 정부 기관에서는 1961년 국세조사(인구조사)를 위해 PCS를 도입한 것이 시초가 되었다. 기업의 경우에는 1968년도의 유한양행, 1969년의 럭키의 컴퓨터 도입을 시초로 하여 빠르게 확산하였으며 그 운영을 위한 전산실도 일반화되던 시기이다.

    그러나 전산실에 의한 자료처리 및 컴퓨터 운영이라는 1980년대 초반까지의 한국의 정보기술 서비스의 특성은 정부 기관 또는 기업이 스스로 전산실을 보유하고 이를 이용하여 직접 서비스를 받는 방법을 택함에 따라 사업의 형태를 띠고 있지 못하였으며, H/W 및 패키지 S/W 공급 위주의 사업 모델이 대부분이었다.

미국을 비롯한 선진국의 정보기술 서비스 회사(EDS, IBM 등)에서 정보 시스템 개발 및 운영을 용역 형태로 서비스하는 모델이 도입되어 한국에서 본격적으로 대기업 형의 서비스 시장이 형성된 것은 1980년대 중반에 STM(현재의 LG-CNS)과 삼성데이터시스템(현재의 삼성SDS)이 사업을 시작한 이후부터라고 볼 수 있다.

IBM, 쌍용정보통신 등이 한국에서 정보 시스템 개발 및 유지보수 사업을 지속해서 하여는 왔으나 당시까지의 대상 기업은 매우 적었고 시장 자체가 발달하지 않았다. 결과적으로 LG CNS와 삼성SDS가 본 사업에 진출하면서 국내 정보기술 서비스 사업이 본격화되었다고 볼 수 있다.

비즈니스 형태를 벗어나서 정보기술 서비스가 일반화되어 서비스 사업의 중심에 들어서게 된 시기는 2000년대에 들어가면서부터라고 볼 수 있다. 2000년에 들어서면서 정보기술 서비스 외부용역 즉 외주화 사업이 활발하게 발달하기 시작하였고 관계사를 넘어선 사업 경쟁이 심화하고 있으며, 지금의 시점에 와서는 정보 시스템 서비스를 제공하는 회사와 정보 시스템 서비스를 받는 회사 간의 거래가 활발하게 진행되었다.

기업들은 어떻게 하면 IT를 더 효율적이고 효과적으로 활용할지 끊임없이 고민해 왔다. 초기에는 관련 기술들이 발달함에 따라 각 영역에 대한 업무 자동화를 통해 효율성을 높이고자 주력했으며, 다음 단계에서는 영역별 효율성을 기반으로 이를 극대화하기 위한 통합 작업이 주를 이뤘다. 현재는 IT가 지원하는 영역이 기업 전체로 확대돼 비즈니스의 가치 창출에서도 적극적인 역할을 담당하도록 요구받고 있다.

필자는 IT 조직을 맡아 업무를 수행하면서 기존의 IT 기획, IT 인프라 관리, 애플리케이션 개발 및 운영, 헬프 데스크 운영 등에 국한됐던 역할에서 벗어나 전사 차원에서 비즈니스 전략과 목표에 부합하는 IT 전략 수립 및 사업 추진, IT 자원의 효율적인 활용, IT 투자의 효율성, IT 프로젝트의 우선순위와 목적 달성 여부 등에 대해서도 관심을 기울이고 관리체계를 구축해 가고 있다.

2000년에 접어들면서 고객의 요구사항에 따라 전사 차원에서 IT를 관리 및 통제하기 위한 체계 구축 작업이 이루어졌고, 이후 솔루션 업체들이 이를 지원할 수 있는 IT 거버넌스 솔루션을 시장에 출시하였다. 이와 함께 IT 업무서비스 표준 프로세스 정립 및 내재화, IT 수준 및 프로세스 성숙도 진단, IT 외주 추진 전략 수립, IT 투자성과평가체계 구축, 엔터프라이즈 아키텍처 수립, IT 조직체계 재정립, 서비스 수준 관리체계 구축 등 관련 프로젝트를 수행·그룹 차원에서 낙후된 IT 영역의 경쟁력 재고를 추진했다.

IT 거버넌스 체계 수립은 그룹 정보화 전략 계획 수립의 한 분야로 진행됐으며, 향후 그룹의 정보화 추진에 필요한 기반을 갖추는 업무였기 때문에 CIO의 관심이 지대한 영역이었다. 프로젝트를 통해서 CIO가 그룹의 정보화를 효과적으로 추진하기 위한 조직 정비 및 직무 재정립하고, 정보화 업무 혁신을 위한 과제들을 도출하고자 했다.

이후 2004년에는 더 복잡해지고 어려워진 IT 관련 의사결정을 효과적으로 수행할 수 있는 체계를 구현하는 데 초점을 맞추고 전체 IT 프로세스를 포괄하는 IT 거버넌스 모델 및 체계 구축을 위한 추진 방법론을 개발하였고, 그룹 임원들을 대상으로 하는 IT 거버넌스 관련 핵심 현안을 파악하고, IT 조직과 직무 및 투자에 대한 현황을 분석했다.

이와 함께 IT 관리체계에 대한 빠른Quick 진단과 종합적인 결과 검토를 기반으로 조직 구조 설계 및 운영방안 수립, 직무 구성 및 업무분장, 정보화 교육 강화, IT 관리의 효율성 제고 방안 수립, 업무 프로세스 정립 방안 수립 등의 개선 과제들을 도출해 그룹의 각 계열사의 분산 또는 수행 주체가 모호했던 기능들을 통합하는 조직체계를 마련했다.

그리고, 단위 조직별 요구되는 업무에 대한 적정 인원을 산정하고, 업무 분담 방안을 수립했다. 또한, 신규 정립 및 조정되는 조직의 직무 역량을 강화하기 위한 정보화 교육 과정을 제안했으며, 향후 점진적인 추진이 필요한 IT 관리의 효율성 제고 및 업무 프로세스 정립 방안을 작성했다.

필자가 이렇게 다양한 업무를 맡아 수행하면서 깨닫게 된 IT 기업 및 조직을 구성하는 세부적인 업무의 종류와 그 필요성 및 담당자가 갖추어야 할 역량을 소개한다.

1. IT 전략

IT의 역할이 커지면서 전통적인 업무 이상을 요구하기 시작했다. 기업은 IT분야가 단순히 비즈니스의 협력자이자 동반자를 넘어 혁신을 주도하기를 기대한다. 또한 IT를 이용하여 프로세스 개선을 혁신적으로 수행하기를 원하며, 신기술 구현, 기업 위험 최소화, 기업 운영 비용을 줄이기 위한 자동화 활용 등 전략적인 리더가 되기를 기대한다.

IT 전략을 수립하는 자는 통찰력 있는 비전Vision 제시자이며 유능한 실용주의자이어야 하고, 혁신적인 가치창출자이며 집요한 비용절감자이어야 한다. 또한, 합리적인 비즈니스 리더이며 솔선수범하는 IT 관리자가 되어야 한다. 그리고 비즈니스에 능통한 자여야 한다. 만약 비즈니스에 능통하지 않으면 비즈니스를 담당하는 현업과 밀접한 관계를 유지하고 협력할 수 있어야 한다. 꾸준하게 정보화 기회를 빌굴하고 발굴된 기회를 이용하여 조직에 도움이 되도록 전략 수립도 해야 한다.

이처럼 말하면 IT 전략을 담당하는 사람은 도대체 만능이냐? 라는 볼멘소리를 하게 될 것이다. 물론 이는 그런 역할을 맡을 때가 분명 있다는 것이지, 반드시 그런 역량을 모두 갖추라는 뜻은 아니다. 조직의 역량에 따라 이 업무는 한 사람이 하기도 하고 여러 사람이 나눠서 하면 되는 것이다. IT 전략 담당자의 상세한 분류는 다음과 같다.

- IT Strategy Planner : 정보화 기회를 발굴하고, 최신 트렌드를 분석하여 비즈니스에 접목하는 중장기 IT 전략을 수립한다.

- Business Analyst : 비즈니스에 능통하여 현업과 IT 운영 및 개발자 간에 가교 구실을 한다. 보통 현업 출신 중 IT의 이해도가 높은 사람이 담당한다.

- Financial Analyst : IT 투자와 예산 편성에 간여하기 때문에 재무적 분석 능력은 필수항목이다.

- Relationship Manager : IT는 모든 현업부서와 이해관계가 있다. 관계의 유연성은 필수다.

2. IT Architecture

IT 자원의 복잡성 증가에 따른 효율적 관리가 필요하게 되었다. 또한 비즈니스가 성장하면서 IT 인프라에 대한 투자가 급증하게 되었다. 장기적인 관점에서 기업의 주요 비즈니스, 정보, 시스템, 기술전략 등의 요소가 사업과 업무 프로세스에 미치는 영향을 총괄적으로 조망하며 IT 인프라를 구축해야 한다. 주요 서버Server, 디스크Disk, 네트워크Network 장비 등 하드웨어뿐만 아니라 시스템을 운영하는 데 필요한 운영체제, DBMS 등 소프트웨어의 최적화를 통해 낭비적인 요소를 없애 비용 절감을 하면서 가까운 미래에 인프라 부족으로 비즈니스를 제때에 못하는 사태도 막아야 한다.

그렇기 때문에 IT 인프라 담당자는 고도의 전문지식을 가지고 있는 엔지니어가 되어야 한다. 또한, 비즈니스를 읽는 능력을 겸비하여 효율적 지원이 가능해야 하고, 항상 최신 IT 트렌드에 촉각을 세우고 있어야 한다. 특히 IT 인프라 담당자만이 겪는 고충 중 하나는 업무 특성상 주말 작업이 수시로 있다는 것이다.

- Enterprise Architect : 맡은 분야에 따라 Business, Technical, Application 및 Data Architect로 구분한다. 모두 비즈니스를 지원하기 위한 자원의 최적화를 목표로 한다.

- Capacity Planner : IT 인프라는 고가이고 설치가 단순하지 않기 때문에 자원의 필요량을 중장기적으로 예측할 수 있는 역량이 필요하다.

- Network Analyst : 일반적으로 비즈니스 현장과 IT 인프라는 원거리에 위치한다. 또한, 예기치 못한 중단에 대비해 백업 네트워크도 고려해야 하므로 역량 있는 엔지니어가 필요하다.

3. PMO

기업이 성장할 때는 수익 창출을 위해, 위기가 닥치면 리스크 관리 차원에서 IT 프로젝트는 지속해서 이루어졌다. 특히, 1990~2000년도 사이에 제조업은 자원관리시스템인 ERPEnterprise Resource Planning의 도입을 경쟁적으로 수행하였고, 은행을 비롯한 금융기관은 차세대시스템이란 명목으로 대규모 IT 프로젝트를 진행하였다.

최근에 닥친 금융위기와 유럽경제의 급격한 침체로 IT 투자에 대한 수요가 줄어들긴 했지만, 여전히 크고 작은 프로젝트는 진행형이다. 트렌드는 계속 변하고 있고, 기업이 새로운 비즈니스를 하기 위해서는 IT의 힘이 절대적이기 때문이다.

프로젝트는 일정 기간 내에 원하는 목적을 달성해야 하고, 주어진 예산이 있기 때문에 어떤 면에서 보면 회사를 경영하는 것과 마찬가지다. 주어진 예산 내에서 목적과 기간을 맞추기 위해서 프로젝트 관리가 중요하고, 품질관리는 필수다.

크고 작은 프로젝트가 동시에 진행될 경우에는 PMOProject Management Office를 통해 이해당사자 간의 이견을 조율하고 전체적인 프로젝트의 효율과 균형을 잡아 줄 뿐만 아니라 경영진의 주요한 의사결정도 받아 내야 한다. 그래서 보통 PMO는 전문 컨설팅 회사에서 수행한다.

- Project Manager : 프로젝트의 꽃이다. 실질적으로 프로젝트를 책임지고

이끌고 간다. IT의 기술적인 부문만 아니라 비즈니스에 대한 해박한 식견이 있어야 한다. 무엇보다 이해당사자 간의 커뮤니케이션을 잘해야 한다.

– Program Manager : 프로젝트가 대규모로 진행되거나, 다양한 프로젝트가 동시에 진행될 경우 필요한 역할이다. 전체적인 프로젝트를 조율하며 PM 을 견제하는 역할도 한다.

– Project Coordinator : 프로젝트에는 다양한 사람이 참여한다. 비즈니스 요 구조건을 제시하는 현업부터 개발자, 엔지니어, 외주업체, 경영진까지. 당 연히 협업 능력은 필수다.

– QA Manager : 품질보증(Quality Assurance)을 책임지는 역할이다. 보통 대형 프로젝트에서는 별도의 전문가 집단이 투입되어 개발자가 만들어 놓 은 작품을 심사하게 된다.

– Methodology Advisor : 개발에 대한 방법론뿐만 아니라 소프트웨어나 하 드웨어를 구성하는 데도 방법론이 다르다. 가장 최적의 솔루션을 도출하기 위해 다양한 분야에 전문적 식견과 요소 전문가가 필요하다.

4, IT 관리

규모의 차이는 있지만, IT 조직은 다양한 업무를 수행한다. 전문가 집단이기도 하지만 비즈니스와 연계하지 않으면 존재의 의미도 없다. 자체 조직 관리에 공을 들이면서도 관련 현업부서 및 다양한 IT 관련업체와 지속적인 커뮤니케이션을 해야 한다. 구성원에 대한 경력관리CDP: Career Development Program는 물론 부족한 인력 충원도 해야 한다.

인력관리뿐만 아니라 IT 자산관리도 필요하다. 자산의 사용 가능 햇수를 파악하여 교체 시기를 저울질하는가 하면, 장애가 발생하지 않도록 유지보수 계약도 해야 한다. 각종 협력업체와의 정기적 혹은 비정기적 계약에 대응해야 하고, 수많은 IT 업무를 자체적으로 수행해야 할지 외부업체에 아웃소싱해야 할지도 판단해야 한다.

- IT HR Manager : IT 업무는 전문적인 일이 많다. 공백에 따른 영향도가 크기 때문에 사전에 대처해야 하고, 신기술 습득을 위한 교육 등 구성원의 CDP 관리도 중요하다.

- Financial Analyst : IT 분야는 투자금액이 크고, 관련 계약 건이 많아서 재무적 분석 역량이 필요하다. 실제로 IT 자산에는 최적화할 만한 것이 많다.

- Purchasing Manager : IT 자산에는 인적 물적 요소가 많다. 최대한 강력한 구매력(Buying Power)을 활용하여 효율적으로 구매할 수 있는 역량이 필요하다.

- Inventory Manager : IT 인프라는 구성품도 많고 사용 가능 횟수 관리도

잘해야 한다. 따라서 재고관리를 얼마나 효과적으로 하느냐에 따라 운영비의 부담 수준이 결정되기도 한다.

- Outsourcing Manager : IT와 관련된 업무는 규모가 커지면서 모두 자체적으로 감당하기 힘들어졌다. 필요에 따라서는 외부업체를 통해 아웃소싱(Outsourcing)하는 것이 효과적이다. 특히, 데이터센터나 시스템 운영은 외부업체를 활용하는 경우가 많다.

사실 IT 조직이 제대로 갖춰져 있는 조직은 위에서 언급한 업무와 시스템 운영 및 개발업무는 엄연히 분리되어 있다. 일반적으로 위에서 말한 업무는 IT 기획, IT 전략, IT 관리팀이라 명명하며 기업 자체 조직으로 꾸려가고, 시스템 운영 및 개발은 전산실, IT 운영, IT 시스템이란 이름으로 전문 SI 업체에 아웃소싱하는 경우가 많다.

예를 들어 포스코그룹은 포스코ICT라는 SI 전문업체가 전 계열사의 SM^{System Management}, 즉 시스템 운영을 도맡아 하고 있고, LG그룹도 LG CNS가 전 계열사의 IT 시스템 운영을 아웃소싱하여 책임지고 있다. 금융그룹도 마찬가지로 금융 자회사로 IT 전문회사를 두고 은행, 증권, 보험 등 전 계열사의 운영, 개발 업무를 맡고 있다.

5. SI(System Integration)
기업이 필요로 하는 정보시스템에 관한 기획에서부터 개발과 구축, 나아가서는 운영까지의 모든 서비스를 제공하는 일이다. 과거에는 정보시스템을 구축할 때 사용자는 자체적으로 시스템 구축을 기획하여 설계하고, 개별적으로 하드웨어를 조달하여, 소프트웨어를 주문하는 것이 일반적인 방법이었다. 그러나 최근에는 IT 인프라가 다양해지고, 필요로 하는 정보시스템이 거대하고 복잡해지고 있어 사용자는 어떤 기기를 선택해야 하고, 어떤 소프트웨어를 어떤 방법으로 만들어야 할 것인지를 알 수 없는 경우가 많아졌다.

시스템통합 즉, SI는 바로 그와 같은 필요성에서 생겨난 서비스로, 그 서비스에는 시스템의 설계, 최적의 하드웨어 선정과 발주 및 조달, 사용자 필요에 맞춘 정보시스템의 개발, 시스템의 유지, 보수 등이 포함된다.

이와 같은 서비스를 제공하는 사업자를 SI 업체라고 한다. SI 업체는 무엇보다도 사용자의 요구를 정확하게 파악할 수 있는 인재의 확보와 함께 다양한 요소 기술을 가지고 있는 전문가 및 협력업체의 확보가 성패를 좌우한다.

SI 업체로는 포스코ICT, 삼성SDS, LG CNS, SK C&C 등 대기업 중심의 종합 정보서비스회사, IBM, HP 등 전통적인 컴퓨터 제조회사 및 삼일 PWC, 삼정 KPMG 등 컨설팅 회사 등이 있다.

일반적으로 SI 업체는 피 말리는 수주 경쟁을 통해 프로젝트를 따내고, 목표한 일정 내에 고객이 원하는 제품을 만들어 내기 위해 밤낮없이 개발에 매진한다. PM을 비롯해 개발에 참여하는 개발자의 고충은 이루 말할 수 없으며, 주어진 스트레스를 이기지 못하고 불의의 사고를 당하는 경우도 종종 볼 수 있다. 오죽하면 프로젝트 마감일이 코앞에 닥쳐 개발자의 노동 강도가 가혹할 정도로 가중된 상황을 표현하는 업계의 용어가 '죽음의 행진Death march'일까. 결국, IT 종사자들이 IT를 3D 업종이라 자조하며 불평하는 원인 제공자라 하겠다.

하지만 희망이 없는 것은 아니다. IT 근무 환경은 빠르게 변해가고 있다. 적은 예산으로 무리한 요구를 하던 고객의 의식도 점차 높아지고 있다. 기술 흐름과 시장 상황이 급변하면서 개발자에게도 새로운 역할과 능력이 요구된다. 특히 개발자가 경쟁력을 유지하며 살아남으려면 냉철한 현실 분석과 구체적인 대안을 마련하는 것이 매우 중요하다.

SI 조직은 규모와 관계없이 새로운 컴퓨팅 환경과 새로 떠오르고 있는 기회를 최대한 활용하기 위해 기존에 제시한 방법론, 인재 풀 그리고 여러 프로세스를 조정하고, 새로운 솔루션과 새로운 패러다임을 채택하기 위해 신속하게 움직이고 있다.

이런 측면에서 개발자도 인식의 전환이 필요하다. 과거처럼 관리를 위한 관리자와 야근만 하면 성과를 내던 워커홀릭 Workaholic이 통하는 시대는 지났다.

현재 개발되고 있는 수많은 소프트웨어는 모바일이나 서비스 지향적인 시장을 목표로 하고 있기 때문에 개발 기법도 그것에 맞게 발전하고 있다. 몇 년 동안 주요 개선작업을 여러 번 거친 데스크톱Desktop 프로그램은 몇 개월마다 신속하게 업데이트되는 모바일 앱이나 조용히 지속적으로 개선되는 웹 서비스로 대체되고 있다. 점점 빨라지고 있는 개발 속도를 위해 HTML5 같은 새로운 기술이 현장에서 테스트되고 더 신속하게 흡수돼, 적용 시기를 크게 앞당기고 있다.

그렇지만 늘 그렇듯이 애플리케이션 개발의 가장 중요한 것은 특정 패러다임이나 도구 혹은 방법론이 아니다. 지금 그리고 여기서 무엇이 효과가 있는가? 바로 이것이 가장 핵심적인 가치이다. 새로운 기술의 적용이나 새로운 패러다임의 변화에 두려워할 필요가 없다. 적극적으로 공부하고, 새롭게 터득하여 새로운 기회로 만들면 된다. 그것만이 이 땅의 개발자들이 진정으로 존재의 가치를 느끼며 살아가는 지름길이다.

6. 업체를 통해 아웃소싱

다양한 IT 분야의 업무 중 일부는 Outsourcing하는 것이 효과적이다. 특히, 데이터센터나 시스템 운영은 외부업체를 활용하는 경우가 많다. IT 업계에 최근에 등장하는 클라우드, 빅데이터 등의 신기술에 따라 변동의 여지는 있으나, 전통적으로 IT 업무와 밀접하게 관계하고 협력하는 대표적인 업체는 컨설팅사와 IT 벤더Vender들이다.

컨설팅사는 IT의 흐름을 제일 먼저 읽고 기업에 방향을 제시하며 새로운 시스템으로 갈아타라고 조언하는 역할을 하고 있다.

컨설팅사가 일반 기업에 제일 먼저 제시하는 일은 IT 중장기 전략계획인 ISPInformation Strategy Planning 수립이다. 보통 3개월에서 6개월에 걸쳐 비즈니스 현황분석과 IT 환경분석을 토대로 중장기적인 전략계획을 수립함과 동시에 도출된 문제점을 해결하고 신규 비즈니스를 성공적으로 달성하기 위해 새로운 시스템 구축이 반드시 필요하다고 역설한다.

두 번째로 컨설팅사에서 공을 들이는 일은 거대한 IT 프로젝트의 PMOProject Management Office 역할과 PIProcess Innovation 업무이다. PMO는 앞에서도 잠깐 언급했듯이 차세대 정보시스템 구축 프로젝트처럼 대규모 프로젝트나 몇 가지 프로젝트가 동시에 수행될 경우 필요한 업무이다. PMO는 범위관리, 일정관리, 비용관리 등 프로젝트 전 분야를 총괄하며 체계적인 관리체계 구축과 프로젝트 수행 중 발생 가능한 위험을 최소화하여 성공적인 프로젝트 수행을 지원하는 조직이다.

PIProcess Innovation는 말 그대로 프로세스 혁신을 말한다. 하지만 IT가 주도하는 프로젝트에서는 시스템 구축을 위한 사전단계 정도로 해석되며, 한때는 BPRBusiness Process Reengineering이라 명하기도 했다. 즉 차세대 정보시스템 구축처럼 회사의 근간이 되는 주요 시스템을 만들다 보니 기존의 프로세스를 새롭게 정비할 필요성이 생겼고, 분석과 재설계를 하는 과정에서 선진업체의 BPBest Practice 사례를 집중적으로 연구하게 되고, 심지어는 글로벌 표준을 준용하는 경우가 많이 생기게 되었다. BPR은 모든 부분에 걸쳐 개혁하는 것이 아니라 중요한 비즈니스 프로세스, 즉 핵심 프로세스를 선택하여 중점적으로 개선한다.

컨설팅사를 활용하는 경우는 회사의 비전과 추구하는 방향성에 따라 국내에 진출한 PWC, KPMG, IBM, Deloitte, AT kearney 등 글로벌 컨설팅사를 선호하거나, 오픈타이드, 2e컨설팅 등 국내 토종 컨설팅사를 택하기도 한다. 개인적인 경험으로는 특별한 글로벌 지식Knowledge을 활용해야 할 필요성이 없다면, 특정업체를 선정하는 것보다 특정 프로젝트에 맞는 풍부한 경험과 역량이 있는 컨설턴트가 투입될 수 있는가에 중점을 둬야 할 것이다. 컨설팅사에 속해 있는 컨설턴트의 이직률이 높고, 결국, 사람이 하는 일이기 때문이다.

IT 업계의 또 하나의 중요한 축을 이루고 있는 것은 하드웨어와 소프트웨어를 공급하는 IT벤더이다. IBM, HP, Microsoft, Oracle 등 글로벌 IT 벤더가 직접 영업과 공급을 하지만, 국내의 다양한 총판 및 리셀러Reseller가 영업과 공급을 대행하기도 한다. 또한, 유지보수는 대부분 이런 파트너사들의 몫으로 IT와 관련된 파트너 영업은 IT 산업 전반적으로 매우 중요한 역할을 하고 있다.

IT 벤더가 맡은 분야를 크게 두 분류로 나눌 수 있는데, 첫째는 서버, 스토리지, 네트워크 등 하드웨어Hardware 분야이다. IBM, HP, EMC, 선마이크로시스템TM, 효성히다찌, CISCO 등 외산 제품이 대부분으로 관련 제품을 고객사로부터 계약을 성사시켜 본사로 주문하고, 설치, 문제 해결 및 유지보수 등의 일을 하게 된다.

두 번째는 DBMS, OS, WAS 등 솔루션을 기술 지원하는 소프트웨어Software 분야이다. DBMS 시장은 전 세계 시장의 50% 이상을 차지하고 있는 Oracle을 위시하여 IBM, Sybase 등이 대표업체이다. 우리나라의 경우 60% 이상을 점유하고 있는 오라클이 독점하다시피 하여 그들의 독단적인 가격정책에 국내 기업들이 끌려가는 형국이며, 이를 극복하기 위해 국내의 티맥스 소프트의 티베로와 알티베이스의 DBMS가 총력을 기울이고 있다.

또한, 마이크로소프트가 독점하고 있는 OS 시장도 그들의 횡포에 맞서 티맥스 소프트가 국산 OS 개발을 야심차게 추진하다, 안타깝게도 분사와 함께 워크아웃이라는 혹독한 고초를 당하기도 하였다.

이처럼 삼성과 LG전자를 중심으로 한 스마트폰, 반도체 등 전자제품을 제외한 IT 인프라 부문은 글로벌 벤더의 벽이 여전히 높다는 것을 알 수 있다. (출처 : 이상옥 tEchNo 人文學 연구소, 네이버 블로그)

8대 보안 솔루션 구축, 기획
그리고 운영

　보안관리에 어려움을 겪고 있는 중소 고객사와 공급사 4개
사, 포항 및 광양제철소 협력사 38개 사를 대상으로 보안 컨설
팅 활동을 시행했다. 특히 중소기업의 경우 보안관리 인력과 인
프라가 부족해 악성코드 및 랜섬웨어 공격의 주요 표적이 되지
만 고가의 보안 컨설팅 및 솔루션 비용을 감당하기에 여의치 않
아 보안 시스템 구축에 어려움을 겪곤 했는데 포스코 그룹에서
는 각 기업의 보안관리 현황은 물론, 회사 규모와 사업 방식, 업
무 환경 등의 특성을 고려해 맞춤형 컨설팅 활동을 수행해 왔
다. 특히 컨설팅의 목적으로 포스코의 보안 실무자가 직접 각
기업 현장에 방문해 보안관리 정책부터 IT, 정보자산 현황까지
꼼꼼하게 살펴보고, 화이트해커와 협업해 모의 해킹을 시행해
보안 취약점을 점검한 후 개선 방안을 도출했다.

　포스코가 가진 역량을 활용해 중소 거래기업에 도움을 주는
방안을 고심하다 보안 컨설팅을 시작하여 컨설팅 지원이 끝난

이후에도 지원 기업의 보안 관련 이슈 사항 대응을 도울 예정이며, 향후 지원 대상과 범위를 확대해 보안 컨설팅 활동을 이어 점검을 진행했다. 그 결과 일부 패밀리사가 상대적으로 보안역량이 다소 미흡한 것으로 드러나 패밀리사 차원에서 임직원의 보안 의식 수준을 높이기 위한 활동들을 더욱 강화해 나갔다. 특히, 정보자산 운영 관리 방안에 대한 조언뿐만 아니라 산업기술 보호 협회와 연계해 정부 지원 무료 보안 서비스를 제공하여 참여 기업들이 비용 부담 없이 보안 시스템을 개선할 수 있도록 도왔다.

이에 그치지 않고 참여 기업들의 보안관리 역량 전반을 향상시키기 위해 포스코에서 실제 사용하는 보안 교육 콘텐츠를 제공하고 워크숍을 실시하기도 했다. 보안 컨설팅을 받은 협력사는 회사의 보안 수준 향상에 크게 도움이 되었다며, 포스코의 지원에 고마워하는 마음을 감사 편지로 표현하는 등 큰 호응을 보내온 바 있다.

포스코의 보안 규정에 따라 공급사 임직원이나 일일 방문객 등도 소지하고 있는 휴대전화의 카메라 렌즈에 보안스티커를 부착해야만 출입이 가능하다. 포스코는 또 직원들이 스마트폰 초기화면에 개인 암호를 반드시 설정토록 해 분실 시 개인 또는 회사 정보가 유출되지 않도록 하고 있으며 백신 프로그램을 반드시 설치하고 최신 버전으로 업데이트하도록 수시로 파악하고 있다.

이와 함께 불필요한 서류를 없애고 보안문서 관리를 철저히 하는 '클린데스크' 활동을 전개함과 동시에 생활 보안 상태를 불시에 점검하는 등의 관리에도 총력을 기울였다. 또한 신규 보안 담당자를 대상으로 정보보호 역량향상 교육을 시행하고 있으며 직원들의 보안 의식 강화를 위한 다양한 방안을 시행한 바 있다.

이러한 노력으로 포스코는 국내에서 가장 보안등급이 높은 '가급' 국가 보안목표시설이자 국가 핵심기술 보유 사업장이 되었으며 정부 차원에서도 관련 기술 및 시설에 대해 엄격한 보안 대책을 적용하고 있다.

금융기관의 보안 대책 포인트

사이버 공격의 위험을 인식한 후 정보통신 네트워크 및 인프라에 대한 보안, 인터넷뱅킹 사용자를 보호하기 위한 대책 등 전반적인 보안 대책을 강구해야 한다.

금융기관의 사이버 공격 대책	사용자 보호
인터넷을 통해 바이러스를 감염시켜 데이터를 탈취하거나 변조하는 등 사이버 공격은 나날이 진화하고 있다. 다양한 공격으로부터 시스템을 보호하기 위해서는 시스템의 입구, 출구, 내부에서 각각 보안을 실시하는 다중방어가 효과적이다	인터넷뱅킹 사기 피해가 증가하고 있다. 이러한 위험으로부터 사용자를 보호하기 위해서는 시스템에서 대응책을 강구하는 것뿐만 아니라 인터넷뱅킹 사용자를 보호하기 위한 대책도 중요하다.
웹사이트 보호	**클라우드 환경 보호**
인터넷뱅킹 사기, 웹사이트 변조 등 웹사이트를 통해 피해를 입는 경우도 있다. 사용자에게 주의를 환기시키는 것은 물론 웹사이트 자체의 보안도 중요하다.	클라우드로의 전환에 막연한 불안을 안고 있는 기업이 많이 있으며 금융기관도 마찬가지일 것이다. 그러나 클라우드 전환으로 얻을 수 있는 장점으로 인해 관리방법에 관한 검토도 많이 진행되고 있다.

틈틈이
공부하고 싶어요

저자는 사실 고졸 학력밖에 없었다. 그것도 정규과정에서만 말이다. 이 사람이 어떻게 성장해 왔는지를 자세히 분석해 보면 알 것이다. 숭실대 전자계산원(약칭 '전산원')은 숭실호스피탈리티 직업전문학교에서 현재 다시 글로벌 미매교육원(구 숭실대 전산원)으로 변경되었다.

본래 전자계산원이라는 명칭의 전산 전문인력 양성을 했던 교육기관으로 「국가자격 기술법 시행규칙」에 따라 정보처리기사 2급 취득 과정 등을 운영하였다. 컴퓨터 분야 자격증 취득 학원이라고 생각하면 쉽다.

이후 1998년 3월, 학점은행제가 시행되면서 전산원도 학점은행제 기관이 되었고, 학점은행 과정을 운영하면서 지금까지 자리매김을 하고 있다. 사실 숭실대 전산원은 여러 가지 운영상 2012년에 교육 과정을 숭실대 평생교육원으로 넘겨주고 숭실호스피탈리티학원으로 전환, 2015년 다시 숭실호스피탈리티 직업전문학교로 전환하였다. 당시에는 일반 4년제 대학보다 전문대 혹은 전산원 출신들을 선호하던 시절이었고, 그 혜택으로 오랫동안 직장생활과 전문적인 그 분야에 높은 지식을 갖고 있거나 많은 경험을 쌓을 수 있었다.

21세기는 이념과 국경의 개념이 상실된 글로벌 경제전쟁의 시대이다. 과거 산업사회에서 중요하게 생각해 온 전통적인 가치관만으로는 글로벌 경쟁에서 생존이 불투명하다. 디지털 마인드를 갖추고 세계시장 어디에서나 경쟁을 통해 성과를 창출할 수 있어야 한다. 결과적으로 다양한 핵심역량을 갖춘 개인과 조직만이 살아남게 될 것이다.

따라서 직종과 회사에 따라 요구되는 역량은 다르다. 그러나 대부분의 회사들이 공통적으로 요구하는 좋은 품성과 경쟁역량

을 갖추기 위해서는 반드시 갖추고 계발해야 하는 기본 마인드
와 역량이 있기에 평소 꾸준히 자신을 연마하여 성과를 창출할
수 있는 인재가 되어야 한다.

자기 분석을 철저히 하고 장래의 모습에 대한 명확한 설정과
이를 이루기 위한 구체적인 계획과 활동을 충실히 하고 있다면,
더 나아가 자신이 보유한 강점을 발휘하고 원하는 직무를 할 수
있다면 남다른 열정으로 배우고 성과를 보여야 한다.

이러한 자기계발을 통해 2~5년 정도의 기간이 지나면 자신의
가치를 인정받고 전문가로서의 대우를 받게 될 것이다. 또한 경
력과 업적을 바탕으로 보다 조건이 좋은 직장으로 전직할 기회
도 많아지게 된다.

즉 전문가Expert는 잠재적인 고객, 고용주 또는 동료에게 자신
이 모든 기술 및 서비스의 전문가라는 것을 보여줄 수 있어야 한
다. 또한 자신이 적용한 지식을 정형화하여 표현하고 설명할 수
있어야 한다. 전문가 자질을 갖추려면 다음과 같은 지식과 자세
가 필요하다.

● 관찰하는 방법지식

공학자는 문제(사례)만 제시하고, 전문가가 해결하는 것을 관
찰한다. 전문가는 문제 토의 방법 빛 대표적인 문제를 선정하여
이것에 대하여 어떻게 지식을 구성, 정리하고 적용하는지 알아
내야 한다.

● 문제 서술 방법

전문가가 주요결론에 이르게 되는 문제의 유형(증상)을 설명해 준다.

● 문제분석 방법

전문가가 일련의 문제를 해결하도록 한다.

● 시스템 정련 방법

어느 정도 지식이 수집된 후에 적용할 수 있는 것으로 전문가 지식 공학자에게 문제를 제시하여, 수집된 지식을 이용하여 문제를 해결하도록 해보는 방법이다.

● 시스템 검증 방법

기술, 서비스, 제품과 전문가가 각각 해결된 사례를, 제3의 전문가에게 제시하여 비평을 요구해야 할 것이다. 이것 외에 갖추어야 할 소양도 있다.

첫째, 자신의 한계를 끊임없이 높이려는 자세.

매 순간 어려움에 닥쳤을 때, 쉽게 포기하지 말고 바로 지금이, 내 한계를 시험하는 순간이라는 마음으로 노력해야 한다. 쉽게 포기해 버린다면 바로 거기가 내 인생에 평생 다시는 넘지 못할 한계가 되는 것이다.

둘째, 긍정적으로 생각해야 한다.

필자도 마찬가지지만 사람은 본능적으로 환경을 탓하고 주변 사람들을 탓한다. 집안일, 회사일, 학업 등 아무리 내가 노력해도, 또는 내 잘못이 전혀 없어도 잘못되는 경우는 반드시 생기며, 그때마다 '나도 절반은 책임이 있지 않을까'하는 마음을 가져야 한다. 남을 탓하고 부정하고 절망만 하기보다 다시는 그런 일이 없도록 생각을 가다듬고 자기 교훈으로 삼는다면, 그 사람은 계속 발전할 수 있다고 생각한다.

셋째, 다른 분야에 대한 상식과 포용력.

전문가란, 다양한 분야를 굉장히 깊게 아는 사람이다. 한 분야만 고집하지 않아야 한다. 예전에는 한 분야에서 능력을 인정받았지만, 시대가 바뀌어 가고 있기 때문이다. 21세기의 전문가라면 다른 분야에 대해서도 포용할 줄 알고 상식을 갖추어야 더불어 발전할 수 있다. 과거에는 한 사람의 천재가 다양한 일을 할 수 있었지만, 이제는 혼자 할 수 있는 일이 드물다. 그래서 제 분야만 깊게 알고, 다른 분야 사람과는 대화도, 협조도, 이해도 안 된다면 아무런 성과도 낼 수 없는 사람일 것이다.

넷째, 커뮤니케이션 능력.

이것은 다른 분야에 대한 상식과 포용력과도 연계될 수 있다. 아무리 많이 알고 있는 사람도 상대방에게 제대로 전달하지 못한다면 그 실력을 누가 인정할 수 있을까? 전문가의 실력은 전문지식+커뮤니케이션 능력이다.

다섯째, 끊임없이 공부하는 자세.

발전하는 사람은 공부하면 할수록 내가 얼마나 몰랐던가를 깨닫고 겸손해지며, 더욱 매진하게 된다. 그러나 적당히 아는 사람은 내가 아는 만큼에 항상 만족하여 더는 배우려 들지 않는다.

어제보다 오늘, 오늘보다 내일 내가 가지고 있는 지식이 하루하루 늘어난다는 것을 기쁘게 생각하는 사람이 전문가이다.

Chapter 2

인생에 공짜는 없었었습니다

아웃소싱에서 인소싱을
해야 하는 이유

2000년대 초반에는 IT 외부용역 서비스가 유행하였다. IT, 보안 인력 스스로 최신 기술을 습득하고 자기계발을 하기보다는 외부용역 업체가 알아서 다 해준다는 생각 때문에 현실에 안주하는 습성이 많았기에 누구를 원망할 처지도 못 된다. 그나마 조직의 기획인력으로 살아남은 인력들이야 괜찮지만 전문인력이 없어 IT 현황을 잘 알지 못하거나 프로젝트 진행을 위한 협상을 제대로 하지 못하는 결과도 발생했다.

일부 자문 업체의 권고에 따라 국내의 경우 중소업체는 IT를 통째로 맡기는 사례도 있고 대부분 유지보수에 집중돼 있다. 그런데 언제부터인가 IT 외부용역 비용이 초기에 생각했던 것과 달리 만만치 않게 들기 시작했다. 지금까지 외부용역 비용은 절감되기보다는 증가하고 있고, 업체에 종속되는 단점이 있다. 또 외부용역이 보안을 취약하게 한다는 점도 주요 문제다.

이렇듯 비즈니스 규모가 커지고 업무도 늘면서 시스템 업그레이드와 인건비 등으로 인해 비용 절감 효과가 크지 않게 되었다. 게다가 남의 손을 빌려 시스템을 운영하는 것이어서 일부에서는 내부 인력의 기술력이나 경험이 떨어지는 경우도 발생하기도 한다. 대부분 조직의 핵심 업무가 전산화되고 이를 2차, 3차 하도급으로 넘기는 동안 보안이 부실해져 조직 전체가 위험에 빠지게 되는 것이 그간 있었던 금융기관들의 보안 관련 사태가 아닐까 생각되었다. 각 금융기관은 사이버 공격에 대응하기 위해 일정한 보안을 실시하고 있지만 이를 뚫고 공격을 당할 경우 기업의 시스템 환경 차이에 따라 다양한 피해가 발생할 수 있다. 각 금융기관에 공통적으로 발생할 수 있는 피해로는 개인/법인 고객정보(거래명세서, 개인정보) 유출, 결제 업무 중단, 인터넷 서비스 정지, 피싱이나 홈페이지 변조에 따른 잘못된 정보 제공 등이 있을 수 있다. 사이버 공격으로 인해 피해가 발생하거나 사후 대응이 제대로 이루어지지 않을 경우 기업의 사회적인 평판이 저하될 수도 있다.

많은 국내 금융기관이 규제나 감사에 대비해 일정한 보안을 실시하고 있다. 국내에서는 금융기관 시스템이 메인 프레임으로 구축돼 폐쇄망 네트워크 환경에 있는 점 등으로 인해 지금까지는 사이버 공격을 큰 위험이라고 파악하기 어려웠던 것으로 생각되기도 하다. 그러나 최근 인터넷뱅킹 사기 피해가 증가하는 등 금융기관을 둘러싼 정보보안 과제는 다방면에 걸쳐 더욱 심각해지고 있다. 보안을 앞으로 어떻게 강화해 나갈 것인지, 사용자를 어떻게 보호해야 하는지 구체적인 대책을 포함해 보안 전반에 대한 검토가 필요한 것이 사실이다.

　최근에는 사고가 발생하면 치명적인 타격을 받기 때문에 시스템 장애나 보안 문제는 비즈니스에 직접적인 영향을 끼치게 되는데 외부용역 업체의 경우 이윤 극대화를 위해 IT 통제 절차를 줄이고 고급 인력을 투입하지 않고 있으므로 그만큼 시스템의 안전성은 떨어지게 된다. 그뿐만 아니라 시스템 통제력을 잃는 등 심각한 단계까지 이르면 자체 인력을 통한 유지보수나 프로그램 업그레이드가 불가능해지는 등 위험한 상황에 직면하게 되기도 한다. 외부용역을 하면서 알게 된 업무 노하우와 고객 기밀정보를 경쟁 업체에 알려줌으로써 심각한 피해를 낳을 수도 있다.

　무엇보다 보안전문가 스스로 정보기술/보안역량 강화, 사이버 침해행위 및 대응능력 강화 등 역할을 제대로 해야 한다는 자세를 가져야 한다. 이제 금융권부터 자체 공급 바람이 불고 있다. 오랜만에 찾아온 기회이나 조직별 대부분 2~5명에 국한되어 있어 결국 비정규직으로 살아가야 하는 운명에 처해져 있다.
　필자가 만나는 사람마다 얘기하는 것은 모의 해킹, 컨설팅, 포렌식 등 개별 전문가보다 전체적인 숲을 들여다볼 수 있는 인력이 필요하다는 부분이다. 그에 대한 비용은 감수하겠다는 논리이다. 사건·사고로 조직의 명예를 잃는 것보다 차라리 인건비는 조금 상향되더라도 부끄러운 역사는 만들지 않겠다는 것이다.

결국 계속 한 가지 기술로만 살아남을 것인지 아니면 '탤런트'를 가진 인재가 될 것인지 너무도 자명한 결과가 나온다. 필자가 커뮤니티를 운영하는 목적도 어느 커뮤니티나 선배들도 알려주지 않는 다양한 인성, 예절, 트렌드, 매뉴얼, 가이드 등 필요한 정보를 제공함으로써 후배들에게 선배들의 과거 실패를 되돌아보기 위함이다. 이제 IT, 보안전문가로서 기술적인 흐름과 신기술을 도입하려는 데 있어 사실 최신 트렌드에 대한 적응을 제대로 이행함으로써 우리의 가치를 인정받는 것이 방법일 것이다.

찾아온 바람을 외면할 것인가 풍파 속에 살아남을 것인가는 오로지 본인 노력 여하에 달려있다. 앞으로는 현업의 요구에 맞는 서비스를 제공하고 고객 서비스를 구현하는 등 Just in Time처럼 제대로 서비스한다면 현업과 고객에 대한 품질 향상이라는 효과를 얻을 수 있기 때문이다.

기회는 단 한 번, 여러분이 준비하고 나갈 때 가능하다.

한평생 살아가면서 그런 사람 만나는 건 쉽지 않다. 택시 한 대 놓치면 기다릴 순 있지만 사람 하나 놓치면 더는 찾기 어렵다.
선량을 가지고 이용하지 마라.
믿음을 가지고 놀지 마라.

감정을 가지고 속이지 마라.

진심을 가지고 농담하지 마라.

자신을 사랑해줬던 사람이 소중한

존재였음을 뒤늦게 후회하지 말고

현재 곁에 있는 사람에게 잘해 주어야 할 것이다.

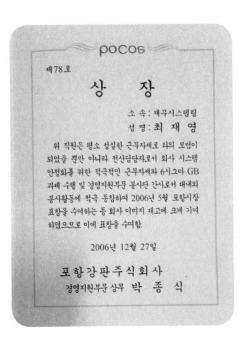

결혼 자금 없이
빈털터리 인생

나는 알코올중독인 아버지와의 과거 경험, 즉 가족 내 폭력, 물질적 어려움, 부모님의 싸움 등이 현재의 낮은 자아존중감과 상관이 있었고 영향이 클 수밖에 없었다. 이런 경험이 있을 경우 과거의 경험으로 고통받을 가능성이 높기 때문에 어린 시절의 경험에 대한 치료가 중요하다. 아버지처럼 술 마시고 나면 말이 많아지고 계속 반복하여 이야기하게 된다. 또한 자신의 이야기를 들어줄 상대를 원하기 때문에 자식들을 불러다 놓고 이야기를 하게 되는 일들이 잦았다. 이로 인해 자녀들은 잠도 못 자고 이야기를 들어주어야 하며 술만 마시게 되면 반복되는 술주정으로 괴로워할 때가 많았다.

공부를 할 때는 집중해서 해야 하는데 아버지가 술을 마시고 계속 불러서 방해하기 때문에 공부를 할 수 없었다. 아버지는 자녀를 언제라도 불러서 자신의 주정을 받아주어야 하는 대상으로 여긴다. 그 문화가 나 자신의 내면에 자리를 잡은 것 같다. 방 안엔 술 냄새가 너무 났고, 잠을 못 잤다. 새벽에 자려고 하면 소리 지르고, 싸우는 소리로 녹록지 못했던 시절이었다.

가장 서러웠던 일은 돈이 없으니 맨날 밥에 김치 정도만 먹다가 돈이 좀 모이면 그때마다 이것저것 마구 사 먹곤 했던 기억이다. 그러다 보니 경제교육이 안 된 탓에 저축이나 이런 것을 제대로 학습할 수 없어, 돈만 모이면 이것저것 구매하고 얼리어답터처럼 IT, 전자기기를 사들이는 데 집중하게 되었다. 자산은 모이면 투자를 해야 한다. 투자하지 않는 돈은 죽은 돈이고, 실제로 아무것도 하지 않는 장롱 속의 휴짓조각에 불과한 것이다.

"오랜만에 봤는데 술 한잔해야지." 직선, 대각선으로 술잔이 오가는 대화에서 이런저런 이야기가 떡하니 한 자리를 차지하고 앉아 있다. 어느새 술 '한 잔'은 소주 5병이 되고 그렇다 보니 돈이 모일 수가 없었다. 다행히 내가 버틴 이유는 내가 돈이 없는 것과 월세방에 사는 것을 알리고 싶지 않았다는 점이었다. 그래서 만난 친구들이랑 얘기할 때 '애 월세방에 산대'라고 말하면 자존심이 엄청나게 상했다.

다 포기하고 싶었던 적도 엄청 많았다. 가끔 부모님한테도 '돈 많이 모아놨어요'라고 거짓말을 해야 하기도 했다. 집에 찾아오신다고 한 적도 많았는데 맨날 말렸었다. 그러나 열심히 살아왔고, 매 순간 열심히 살아야겠다는 생각으로 달려왔다. 나 자신의 안 좋은 부분만 보고 그 부분에만 집중하면 계속 자신이 싫어지기만 하기에 그런 나 자신을 미워하기엔 너무 삶이 짧았다.

마이너스 통장,
신용카드로 돌려막기

살다 보면 가까운 사람에게 돈 빌려주거나 빌리는 문제로 고민하게 되는 경우가 발생한다. 돈을 빌려달라는 연락을 받았다면, 왜 나에게 연락했을까 먼저 생각해 봐야 한다.

나는 가난한 집안에서 태어나서 불행한 환경 속에서 자랐다. 성인이 되어서도 경제적으로 매우 힘들게 살면서 나름대로 열심히 노력하였지만 여러 차례의 실패에서 좌절하기도 하였다. 그러나 고생 끝에 낙이라고, 어느 정도 여유가 생기게 되었다. 이러한 나를 주변 사람들은 대견하게 바라보고 부러워하기까지 했었다.

누구에게나 잘 대해주다 보니 나를 좋아서 따르는 사람들도 많고, 때때로 손을 벌리기도 했다. 나는 경제적인 면을 일부러 과시하지 않음에도 어떻게 알았는지, 주변 친구들과 친지 중에서 장사하는 사람까지 돈을 빌려 달라고 하곤 했다. 나는 그 마음을 이해하면서 큰 금액이 아니면 빌려주기도 하고, 때로는

"나중에 벌면 갚으라"라고 하면서 그냥 주기도 했다. 어쩔 수 없이 거절하고서 괴로워서 잠을 못 이룬 적도 있다. 나도 힘들었던 순간에 누군가 조금 도와주었다면 큰 힘이 되었을 걸 생각하면 차마 거절하기 힘들어졌다.

나는 동창 한 명에게 5년째 거의 생활비를 대주다시피 하고 있다. 내 삶에 좌절하여 죽음에 다가갔을 때 나를 구해주었던 친구이다. 지금은 정상적인 사회생활이 힘들어서 내가 돌봐주고 있다. 재기를 위한 노력을 많이 해보았지만 모두 실패하였다.

또한 얼마 전에는 점포를 운영하는 초등학교 동창이 오랫동안 밀린 임대료를 지급 못 하여 쫓겨날 처지라면서 도움을 청했지만 거절한 적이 있다. 그는 소중한 친구지만 이미 여러 번 도움을 준 상태이다. 아내와 상의하여 마지막이라 생각하고 돈을 건네주었다. 잊고 지내다가 그동안 빌려준 금액을 계산하고서 너무 놀란 기억이 있다. 지금까지도 돌려받은 돈은 거의 없다.

전액 현금으로만 알았던
아파트 구입

"즐거운 곳에서는 날 오라 하여도 내 쉴 곳은 작은 집 내 집뿐 이리 꽃 피고 새 우는 내 집뿐이리~"

"저 푸른 초원 위에 그림 같은 집을 짓고 사랑하는 우리 님과 한 백 년 살고 싶어~"

요즘 텔레비전에서 집을 소재로 한 프로그램이 자주 방영되는 것을 볼 수 있다. 좁은 집을 싸게 사들이는 방법에서부터 잘 지은 친환경 집까지 다양하다. 예전에는 잘 볼 수 없던 현상인데, 그만큼 국민의 집에 관한 관심이 커졌다는 방증이다.

집은 인간의 안전한 생존을 위해 가장 기본적인 공간으로, 인간은 행복이 깃들고 아름다운 집에 대한 간절한 소망을 노래해 왔다. 그러나 현대에는 집이 가족 구성원의 생존을 위한 기능 외에 자산의 증식을 위한 가장 필수적인 수단이 되고 있다.

필자는 차가운 현실 속에서 자기 명의의 빌라 한 채를 선택하고 사들이며 겪었던 수많은 갈등과 의심, 위기를 슬플 것 같지만 좀 웃기게 풀어냈다.

2년마다 이사하지 않을 자유를 얻기 위해 대출을 결심하고 은행을 오고 가며 마음 졸이기까지, 적은 예산 안에서 역세권, 투룸, 널찍한 거실, 엘리베이터, 주차 공간 등의 조건에 부합하는 집을 찾기 위해 빌라 관광을 다니기까지, 분양 업자와 협상을 통해 매매가를 1,000만 원이나 깎기까지, 빌라 구매에 관한 주위 사람들의 애정 어린 조언 혹은 의심과 싸우며 이겨 내기까지. 직접 겪어 보지 않으면 모를 지극히 현실적인 경험담과 아주 기초적이지만 알아 두면 도움이 될 부동산 팁도 알게 되었다.

10년간 열심히 모은 돈과 가족이 지켜 온 전 재산에 은행에서 대출받은 돈까지, 모두 짜내 살 집을 사야 하는 사람의 입장은 다르다 못해 간절했다. 큰 액수의 대출을 받아 아파트 한 채를 사는 것만큼, 빌라를 사는 일 또한 누군가에게는 일생일대를 뒤흔드는 엄청난 사건이기 때문이다.

대한민국에서 집은 어떤 의미일까? 주거 공간이란 개념을 넘어 재산이자 부의 상징이 되어 버린 지 이미 오래된 일이다. 그러다 보니 아파트, 오피스텔, 상가보다 상대적으로 투자 가치가 적은 연립 주택, 다세대 주택 등을 구매하는 것에 상당히 부정적이고 또 조심스럽다.

빌라를 사고도 후회하지 않을 수 있을까? 지인들은 내 집을 어떻게 생각할까? 혹시 내가 호구가 되는 것은 아닐까? 인생 대부분의 일이 그러하듯 신축 빌라를 구매하는 과정에서 역시 자신의 편은 아무도 없었다고 말하는 나 자신이 처한 상황에서 최고의 선택을 할 수 있도록, 호구가 되더라도 '만만한 호구'는 되지 않기 위해 끊임없이 나 자신에게 질문을 던지며 불안과 두려움을 가라앉히고 남들이 여간해선 사지 않는 빌라를 사기 위해 백방으로 뛰며 노력했다. 빌라는 꿈이 아닌 그 자체로 현실이었다.

나만의 공간을 갖고 싶다는 자유, 더는 이사하지 않아도 된다는 안심 등 다양한 동기 중에서도 내 집 마련을 결심하게 된 가장 큰 계기는 독립이었다. 화려한 생활을 원한 것까지는 아니지만 혼자만의 공간이 간절하게 필요한 나이였기 때문이다. 독립하고 싶은 이유는 차고 넘쳐도 무엇보다 돈이 없었고, 평생을 이사만 다니며 살아오신 일흔이 넘은 어머니에게 아직 보금자리가 없다는 것 역시 큰 걱정거리였다. 나만의 공간을 구할 것, 그리고 어머니가 안심할 수 있는 공간을 구할 것. 어머니가 어디에라도 발붙이고 편히 살 수 있다면 자신이 이사 다니는 것쯤이야 괜찮았다.

그렇게 월세로 빌라를 얻어 독립하기로 마음먹고, 대출 계약으로 실제로 거주하게 될 곳이자, 나중에 살거나 혹은 팔게 될지도 모를 여러 경우의 수를 대비해 '신축 빌라'를 구매하기로 마음먹게 된다.

이 과정에서 아파트 구입을 생각하지 않았던 것은 아니다. 월세를 아껴 몇억 단위의 대출을 받아 아파트에 살면서 대출금을 갚고 이자를 내고 있다면, 그 이자가 얼마이든 아파트라는 큰 재산이 남았을 테니 이야기는 달라졌을까? 하지만 대출의 덫에서 탈출할 때까지, 대출에 발목이 잡혀서 해보고 싶은 걸 보류하고 포기하며 살고 싶지는 않았다.

그렇게 '영끌'(영혼까지 끌어모은 대출)해서 '초품아'(초등학교를 품은 아파트)를 사는 대신 적당한 수준의 '주담대'(주택담보대출)로 '편세권'(편의점과 역세권을 합친 합성어)의 작은 빌라 하나를 사들이며, 이사하지 않을 자유와 조금은 여유로운 삶을 누릴 수 있었다.

경기 불황과 저성장으로 힘겨운 에코 세대, 자기만의 집에서 온전한 나로 살기 위한 선택, 생애 주기에 따라 주택 시장의 중심 수요층이 베이비붐 세대에서 에코 세대로 옮겨 가고 있지만, 천정부지로 치솟은 집값과 취업난, 경제난으로 그들은 자신들의 부모님처럼 집을 사들일 여력조차 없는 것이 현실이다.

부동산의 세계는 돈이 돈을 버는 구조다. 그걸 잘 알면서도 일찍부터 준비하지 못한 것은 무엇보다 집을 살 돈이 없었고 대출에 엮이는 게 무섭고 싫었으며 2년마다 이사 다니는 게 귀찮아도 어쩔 수 없는 일이라 단념했기 때문이다.

'과연 빌라가 돈을 벌어다 줄 것인가'를 고민하는 사람들에게는 도움이 되지 않겠지만 1~2인 가구와 아파트를 포기하고 중소형 주택을 선택하는 가구가 점차 늘어나는 요즈음 추세에 집중해 본다면, 분명 주거에 대한 고민으로 밤잠 이루지 못하는 이가 많다.

집 매매에 대한 개념조차 없어 어디서부터 어떻게 알아봐야 할지 모르겠고, 계약 기간이 끝날 때마다 전전긍긍하며 헤매는 떠돌이 생활이 싫고, 당장 서울 하늘 아래에서 따듯한 밥 한 끼 지어 먹고, 포근한 이부자리를 펼쳐 누울 수 있는 보금자리가 간절했다.

"조금이라도 일찍 고민을 시작한다면 그토록 바랐던 자유와 안심을 조금 일찍 찾을 수 있지 않을까?"

"집 장만을 위해 인생의 대부분을 허비하는 일이 과연 바람직한가"라는 자성론이 대두하면서, 우리도 서구와 같이 집 소유에 대한 애착을 버려야 한다는 '무소유'가 유행하고 있다. 하지만 근래 들어 경제가 어려워지고 생활이 팍팍해지면서 그래도 집 하나쯤은 붙잡고 있어야 마지막까지 버틸 수 있다는 절박감이 국민 정서를 지배하기 시작했다.

운 좋게 취업하고 결혼에 골인했다 하더라도 다니던 회사가 언제 문을 닫아 길거리로 나앉을지도 모르는 판에 조금이라도 돈을 벌 때 안전자산에 투자해 목돈을 만들려는 투자 집중화 현상이 뚜렷해지고 있다.

아무튼 지난 2006년 생애 첫 아파트를 마련하면서 등기부상으로 금융권 근저당이 전혀 설정되지 않아 좋았다. 대출 없이 전액 현금으로 아파트값을 치를 수만 있다면 좋겠지만 그동안 아파트 구입은 꿈에도 꾸지 못한 것이었다. 결국 대출을 해서 집을 사들이는 방법을 알게 되어 우리는 은행에 1억을 대출받아 3년 이내에 갚았다.

친구에게
돈을 빌려줬습니다

"친구에게 돈 빌려주면 돈과 우정 모두 잃는다"라는 말, 안 들어보신 분은 거의 없을 것이다. 급하다고 해서 좋은 마음으로 빌려줬는데 갚지 않는 것은 물론 갚을 노력조차 하지 않는 모습을 보고 마음도 상하는 경우가 생각보다 많다. 친구에게 돈을 빌려주었다가 돌려받지 못했을 때, 친구는 갚으려는 생각조차 하지 않는 것 같을 때, 그 금액이 얼마이건 감정적인 상처는 매우 크다. 물론 감정적인 문제도 문제지만, 가장 큰 타격은 금전적인 손실이다. 돈 돌려달라는 말을 하기도 힘든 와중에 친구에게 "이자를 붙여서 갚아라"라고 말할 수도 없는 현실이다.

사람은 누구나 다 실수하고 실패도 경험한다. 자신의 잘못으로 실패하는 때도 있지만, 자신이 정직하고 근면해도 복잡한 세상 속에서 타인에 의해 가혹한 시련이 닥쳐오기도 한다. 누구나 겪을 수밖에 없는 실수나 실패에 대해서도 자신에게 실망하고 마는 것은 '보통 사람들이라면 몰라도 나는 이것보다 더 나은 존재여야 한다'라는 믿음이 어딘가에 자리하고 있는 것이기 때문이라는 것이다.

  물론 잘하고 싶었기 때문에 큰 노력을 기울인 일에서 나쁜 결과를 얻는 경우, 또 큰 실수나 잘못을 저질렀을 때 실망스러운 기분이 드는 것은 어쩔 수 없다. 하지만 "열심히 애쓴 만큼 실망도 크기에 다음에는 좀 더 좋은 결과를 얻을 수 있도록 이번 기회를 반면교사 삼아야겠다"라고 생각하는 것과 "이런 멍청한 인간! 그럼 그렇지. 또라이 아냐!"라고 자책하는 것 사이에는 건널 수 없는 넓은 강이 흐른다.

  한편 옛말에 "열 길 물속은 알아도 한 길 사람 속은 모른다"라는 말이 있다. 그만큼 가까운 사람이라도 믿을 수 있는 사람은 드물다는 이야기일 것이다. 그러한 사람의 속성을 알면 돈 관계만큼은 신중하게 해야 한다고 부모님에게 누차 들어서 웬만해서는 빌려주지 않았다.
  금전거래는 크게 돈을 주는 관계와 빌려주는 관계로 나누어 볼 수 있고, 부모자식 간 관계처럼 아무런 조건 없이 돈을 주고받는 관계가 아닌 다음에야 어쩔 수 없이 빌려줘야 한다면 그 돈은 돌려받을 생각을 처음부터 하지 말아야 할 것이다. 하지만 거절하면 신뢰하지 않고 돈만 생각하는 쪼잔한 사람이 될 것 같아서 결국 돈을 빌려주고 말았다.

문제는 그 친구가 돈을 갚을 생각을 하지 않는다는 점이다. 심지어 그 친구가 빌려준 돈을 다른 곳에 빼돌린다는 소문을 들었다.그 말을 듣고 내가 돈을 언제 갚을 것이냐고 어렵게 말을 꺼냈더니 재촉하지 말라면서 짜증을 낸다. 당황스럽기도 하고 이 사실을 다른 사람이 알게 되면 뭐라고 할까 불안하기도 했다.

내게 아니 누구에게나 매우 큰돈이다. 돈이라는 것은 중요하면서도 아주 무서운 것이기도 하다. 마치 술과 같이 사람을 괴롭히는 괴물이다. 술로 인해 알코올 중독자가 되는 사람이 있는가 하면 돈 때문에 미치는 사람도 있기 때문이다. 쾌락을 위해 마약에 손을 대다가 중독이 되서 마약을 사기 위해 도둑질까지 하고 인생을 망치는 사람들도 있다.

이처럼 괜한 객기로 친구에게 돈을 빌려준 것이 너무나도 후회가 되었고 이 돈을 어떻게 하면 받을 수 있을지 고민하는 것도 더 이상 그 친구와 얘기도 말해보고 싶은 마음도 사라졌다.

돈은 생활을 좌우하기는 하지만 꼭 행복을 좌우하는 것은 아니다. 많은 돈이 있어야 행복하다고 느끼는 사람이 있는가 하면 별로 돈이 없는데도 행복하다고 느낄 수 있는 사람이 존재하듯이 타인과의 소통이 잘되는 사람은 돈이 별로 없어도 충만한 행복을 느낄 수 있다.

금전관계로 오래된 우정이 깨지는 경우도 종종 있다. 즉 오랫동안 우정을 간직하고 싶다면 돈을 빌리거나 빌려주면 안 된다는 사실, 그리고 무엇보다도 거절할 수 있는 용기를 갖는 것이 중요하다. 그러나 어쩔 수 없이 빌려줘야 한다면 그 돈은 돌려받을 생각을 처음부터 하지 말아야 한다는 사실을 깨달았다. 참 신기하게도 빌려준 사람은 오래도록 잊지 않지만 빌린 사람은 금방 잊어버린다는 것이다. 사람 심리라는 게 참 묘하다.

적은 액수이면 잊기라도 하지만, 액수가 너무 크다 보니 내 사정도 급하게 되어 신용기관 및 법원을 통해 알아본 결과 당사자는 현재 신용불량 상태이고 이천만 원 정도의 채무 불이행자 명부에 적혀있었다. 결국 나도 민사재판을 통해 채무불이행자명부에 기재해 놨다. 하지만 당사자가 갚을 때까지 받지 못한다.

사실 돈을 빌려줄 때는 못 받을 수 있다는 각오를 하고 빌려주거나 그렇지 못하면 빌려주지 않는 게 답인데 인생사 그게 마음대로 되는 것이 아니잖은가? 그렇지만 결과가 나오기 전이나 후나 그대로인 내 자질이나 성격을 비난하고, 내 삶의 모든 것이 문제인 양 호들갑을 떨 이유는 어디에도 없었다.

돈을 빌리는 사람은 대부분 어떻게 갚을지에 대해 구체적인 계획은 잘 세우지 않는다. 우선 급한 불을 끄기 위해 돈을 빌리는 그것에만 집중할 뿐이다. 내가 만약 친구와의 믿음, 의리로만 빌려준다면 빌려 간 친구도 그 의리라는 것에 기대 돈 갚는 것을 아주 오래 지체할 수도 있다.

모든 사람이 말하길, 친구와의 돈거래는 될 수 있으면 안 하는 것이 좋다고 한다. 설령 빌려주더라도 못 받는다고 생각하고 잊어버리는 것이 그 관계를 위해서 좋다고도 말한다. 하지만 왜 빌려주는 사람이 항상 힘든 처지에 놓여야 하는지 억울하기도 하다.

인간은 누구나 실패와 실수를 되풀이하며 성장한다. 인생은 살아가는 일 자체가 치열한 노력의 연속이다. 그렇기 때문에라도 친한 친구라면 돈에 대해서는 정확하게 하는 것이 진짜 좋은 친구가 아닐까? 될 수 있으면 빌리는 일이 없도록 해야 하고 친구의 돈을 쉽게 생각하지 말아야 한다. 또한 빌리는 처지라면 언제 어떻게 갚을지에 대해 구체적인 계획을 말해주는 것이 친구에 대한 예의이다.

26년간 ICT 근무,
그리고 '희망퇴직'

　많은 사람들이 퇴사를 고민한다. 인생 100세를 기준으로 40~50살이라는 나이가 다른 일에 도전할 수 있을 것만 같은 마지노선의 순간으로 여겨지기 때문이다. 그래서일까. 누구나 가지고 있는 이슈는 여전히 '퇴사'와 '이직'일 것이다.

　2008년 글로벌 금융위기 이후 사장된 사회에 진출하면서 고용 감소와 일자리 질 저하 등의 어려움을 겪었지만, 이미 정보기술에 능통하고 대부분이 대학에 진학한 고학력자인 경우, ICT 분야의 일자리는 오히려 호황을 누렸다. 하지만, 이어 아웃소싱이라는 역경이 찾아왔다. ICT 전반에 걸쳐 아웃소싱이 일반화되었고 일자리 수는 수챗구멍, 일자리 질은 수챗구멍을 빠져나가는 물길 같은 상황이 되어 버렸다. 원치 않은 일자리든 원하는 일자리든 그들은 의자 뺏기 게임을 하는 사람들처럼 마냥 끊임없이 경쟁하고 성장해야 했다.

　그렇게 힘들게 들어간 직장이지만, 어느 순간 매너리즘은 찾아온다. 나 역시 그랬다. 회사에 다니다가 50대의 나이에 그는 퇴사하기로 했다. 그가 퇴사를 결정하게 된 계기는 명확했다. 그는 인생의 전환점이 필요했다.

　조직에 속하면 능동보다는 수동에 가깝다. 입사할 때부터 결원이 있는 팀으로 가는 게 일반적이며 내가 팀을 선택하는 경우는 드물다. 상사를 선택할 수도 없다. 인사이동 소식이 들릴 때마다 가슴 졸여야 했고 혹여 원하지 않는 곳으로 이동될까 노심초사했다.

　성장이 멈췄다고 생각될 때, 회사 일 말고는 할 줄 아는 게 없는 당시의 나에게 특별한 기술이 없다는 식의 얘기를 했지만, 외부에서 바라보는 인식은 전혀 달랐다. 그러한 경험은 우물 안에서 사는 개구리처럼 바닥까지 치고 내려간 자신감을 되찾고 퇴사를 마음먹게 된 계기가 되어 주기도 했다. 그래서인지 몰라도 언제고 회사원으로만 살고 싶지는 않았다. 평범하게 살아가는 것보다는 지금의 회사 말고 다른 일로 삶을 꾸리고 싶었다.

퇴사 전과 후에 바뀐 게 있다면 시간에 대한 소유다. 나는 더이상 내 시간을 팔아 돈을 벌지 않았다. 사실 좀 쉬고 싶었다. 26년간 다니던 회사를 나와서야 어떤 환경이 나를 춤추게 하는지 알게 되었다. 덕분에 경제적 수입은 0에 수렴하게 되었지만, 나는 하루 24시간을 온전히 나의 것으로 만들 수 있었다.

무엇이든 많이 해보고 경험해 봐야지 잘 선택할 수 있다. 남들이 다 좋다는 것들이 나와 맞지 않을 수 있다. 그건 내가 잘못된게 아니라 나의 인생과 그 선택이 맞지 않은 것이기 때문이다. 그러니 실패를 두려워하지 말고 아주 작은 거라도 해보자.

물론 많은 분들은 "돈이 있어야 경험을 하지!"라고 말할 것이다.그러나 나의 체험을 통해 결국 세상에는 돈과 상관없는 경험들이 굉장히 많다는 사실을 알게 되었다. 세상은 우리가 상상한것 이상으로 무척 넓다.

이제까지 살아온 인생과 전혀 다른 일들을 시도하고 있는 지금이 불안하지 않다면 거짓말일 것이다. 예전에 받던 월급 이상으로 벌고 싶은 의욕만큼 성과가 나지 않을 때 나는 여지없이 불안해지고 무너질 때도 있었다. 하지만 직장인일 때는 생각으로만 그치던 일들, 도전하기 두려웠던 일들을 시도하며 점점 두려운 상황이 줄어들었다. 점차 성과를 만들어 내며 마음속 걱정이 한 뼘 한 뼘 없어지는 만족감은 불안감을 상회하기 시작했다. 물론, 남들과 다른 결정이었기에 더 신중해야 했다.

소속을 걷어내도 내 힘으로 살 수 있다는 자신이 생겨나자 회사와 계급을 떼고 내 실력만으로 번 돈이 체감상 더 많게 느껴지고 있음을 깨닫고 있다. 그래서 나에겐 퇴직이 말 그대로 '희망퇴직'이 된 셈이다. 그동안 자신만이 생각했던 불안감의 근원을 찾고 자신이 하고 싶었던 버킷리스트를 찾아 성취하는 것에 만족을 느끼게 되었다.

나와 같이 퇴사와 이직 등의 고민을 가진 분들에게 '그거 해봤더니 꽤 괜찮더라'고 전하는 마음 편한 이야기로 다가왔으면 좋겠다. 마음 편하게, 덜 불안하게 살아도 괜찮다라는 사실을 일깨워주고 싶다.

"자네, 트러블 슈팅^{Trouble Shooting} 좀 해봤어?"

어느 면접관의 질문이다.

전문가는 학벌, 이론, 지식이 아니라 실무에서 밑바탕이 되어 우러나오는 경험이 갖춰야 할 자산이라 할 수 있다. '현대 사회는 정보화 사회'라는 말을 자주 들어봤을 것이다. 이 말은 온갖 종류의 정보가 우리 일상생활에 큰 영향을 미친다는 뜻이다.

보통 사람들은 정보를 탐색하는 데 드는 시간과 비용보다 정보 탐색 결과로 얻는 이익이 더 클 때 계속해서 정보를 찾는다. 예를 들어 새 신발을 살 때, 시간이 충분하다면 백화점 등 오프라인 매장과 여러 온라인 매장을 두루 살펴보며 가장 값이 싸고 믿을 만한 곳에서 신발을 사는 게 합리적일 것이다. 더구나 요즘은 정보 기술^{IT} 발달로 정보 탐색에 드는 비용도 크게 줄었다. 여러 활동에 필요한 정보를 얻고 활용할 때 주의할 점은 홍수처럼 쏟아지는 수많은 정보 중 꼭 필요하고, 믿을 수 있는 정보만 골라내는 것이 무엇보다 중요하다는 것이다. 만약 정보를 사실대로 제공받지 못한다면, 속거나 변질되어 큰 피해를 볼 수 있는 것이다.

한편 경험하지 않는 분야도 마치 자신이 수행한 것처럼 마인드를 형성하는 예도 적지 않다. 실제로 업무를 하면서 경험이 상당히 중요하다는 것을 느낄 것이다. 주어진 매뉴얼이나 지침

대로 하는 것은 누구나 할 수 있는 일이다.

결국, 트러블 슈팅이란 개발 중 또는 개발 후에 나타나는 예상치 못한 문제들을 잡는 것을 말한다. 이러한 트러블 슈팅의 경험은 실무적인 대처 능력과 직결되므로 경력자의 경험은 소중하다 할 수 있다.

통상 외국 제품의 경우 제품별 이력과 해결 방법들이 체계적으로 잘 정리되어 있으나 우리나라의 경우 보안이라는 핑계로 정보를 숨기는 데만 급급한 것이 사실이다. 그래서 그동안 필자의 현장 경험에 비추어보면 IT 또는 엔지니어 분야의 가장 큰 특징은 지식공유가 잘 안 되는 것이라고 할 수 있을 것이다.

자신이 가진 기술을 무기로 여겨서 감추고 또 감추어 결국 혼자만의 우물에서 헤어나지 못하는 현상이 발생하고 기술적인 부문에 치우치거나 기계적인 방법에 매달려 주위의 변화에 둔감해지는 현상이 발생한다. 여기에 더해 각자가 경험한 기술과 제품에 대한 정보의 상호공유 등이 다소 폐쇄적으로 운영되기 때문에 정보기술 서비스가 기획되고 개발 및 운영으로 이어지기까지 여러 사람의 손을 거치는 악순환이 반복되곤 한다.

내가 주장하는 정보공유의 근거는 이렇다. 많은 이들의 공이 들어간 정보기술 서비스도 사소한 장애 하나 때문에 먹통이 되는 일이 빈번하게 일어나고 서버도 애플리케이션도 모두 불완전한 사람의 손을 거쳐 만들어지기 때문에 그런 만큼 그 어떤 시스템도 요건을 갖춘 존재로 '완벽'한 것은 지구상에 존재하지 않기에 차라리 대충 시작할 때가 많다. 물론 사후에 과정을 거쳐 완벽에 가깝게 만들어 갈 수 있다. 사전 성능 테스트와 꾸준한 모니터링으로 중무장한다면 많은 이들이 흘린 땀의 흔적이 장애 때문에 허무하게 사라지지는 않을 것이다. 그러나 철저한 준비는 장애를 막기 위한 필요조건일 뿐이다. 실제로 나름의 준비 태세와 운영을 하더라도 예상치 못한 장애로 인해 담당자들이 발을 동동 구르는 안타까운 장면이 심심치 않게 연출된다.

장애를 다루는 일을 성능 테스트나 튜닝의 양념 정도로 생각해서는 안 되는 이유다. 장애를 진단하는 방법을 알고 그것을 편리하게 공유할 수 있다면 장애가 발생하는 것은 어쩔 수 없더라도 파장과 재발 우려는 크게 줄일 수 있기 때문이다.

이제 인생 100세 시대라 한다. 완전한 정년이 보장되는 시대도 아니고 그렇다고 주저앉아 있을 수도 없기에 우리가 이러한 '트러블슈팅 가이드' 하나라도 제대로 만든다면 아마 정보통신 업계에서 충분히 살아남을 기회가 주어질 것이다. 외국 사례를 봐도 뛰어난 기술이 대를 이어가는 것은 공유되는 기술과 노하우가 분명 있기 때문이다. 자신의 분야의 장인정신으로 배우고 가르치고 양성하고 그래서 빛을 보게 되는 것이 훌륭한 외국 사례의 특징이다.

이처럼 시시각각으로 변하는 시점에서 때로는 순간적인 판단이 필요할 때가 많고, 정확한 판단을 내리기란 쉽지 않은 것이 사실이기에 기록관리가 중요하다. 이러한 것들이 쌓이고 쌓이면 나만의 기술 노트가 되는 것이다. 곰의 몸에 빨대를 꽂아 웅담을 빨아 먹는 것처럼, 누군가 땀을 뻘뻘 흘리며 올려놓은 커뮤니티에 얄팍한 빨대 하나 꽂아 단물만 쪽쪽 빨아먹는 것이 아니라, 사용자들의 자발적인 정보공유를 통해 피해사례와 대응책을 마련하는 한편, 보안커뮤니티에 등록한 축적된 지식을 DB화하고 이를 통한 교감 등을 통해 새로운 지식의 구심점으로 자리매김하는 것이 중요하다. 또한 이러한 정보공유가 일회성 행사가 아닌 지속 가능하도록 확대 발전시킴과 동시에 지식 동력을 향상하게 시키는 원천이 되어 주변 상황을 살펴보고 서로 힘을 합쳐서 위험을 최소화하는 데 그 의미를 두고 싶다. 그래서 최대한 현업에 가까운 자료를 통한 기술 방향을 볼 수 있는 안목과 그동안 쌓인 지식의 이미지네이션을 통한 내재화가 가능하다는 것이다.

이리 갈까 저리 갈까? 차라리 영등포로 갈까? 아니면, 낙동강 오리알 찾아갈까? 세상을 살다 보면 이리 갈까, 저리 갈까 판단하고 결정해야 하는 것이 수없이 많다. 이 사람 저 사람 얘기를 듣다 보면 전부 맞는 듯하여 자칫 어리석은 판단을 하기도 한다. 그렇게 돌아가다 결국 다시 제자리로 오게 되는 때도 있고 아니면 행복하고 성공으로 가는 길을 선택하게 되는 것이다.

이미 자신이 선택한 목표와 길이 있다면 꾸준히 도전해 앞으로 전진하라. 우리는 직선의 길만 만나기를 좋아하곤 한다. 하지만 구불구불한 굴곡이 있는 길이 때로는 험하고 느린 도로 같아도 매우 편안하고 빠른 길이다. 지혜를 가지고, 방황하지 마시고 밀고 나가야 한다.

보안은 쉽지도 또한 어렵지도 않은 혼자 가려 하지 말고 함께 가야 할 것이다. 힘에 부쳐 주저앉아 있을 때는 가끔 함께 떠나 보자.

딸과 함께한
부부 동반 15박 16일 유럽 여행

아들과 딸은 연년생이다. 어려서부터 대학교까지 쌍둥이도 아닌데 같은 학교에 다녔다. 그러다 보니 매일 다투고 친구같이 지내고 있다. 아들이 누나에게 보낸 편지를 읽다 보니 웃음이 절로 난다. 아들은 지난번 대학교 3학년인 누나한테 놀지 말고 열심히 공부하고 엄마 많이 도와주라고 하고 정말 웃음이 나는 대목을 적었다. '청소기 돌린다고 그게 청소하는 것은 아니다.' 명언인 듯싶다.

생애 꼭 한번 가보고 싶은 '꿈의 여행지'는 어디일까. 각종 여론 조사에서는 여행 방식과는 상관없이 가장 가고 싶은 여행지 상단에 유럽이 꼽히고 있다. 방학을 맞은 학생, 쌓인 연차를 소진하고픈 직장인, 은퇴한 부부 등 유럽 여행을 계획하고 있는 사람이 많은 것이다.

나는 2018년 5월, 15박 16일 동안 유럽 여행을 다녀왔다. 3개국에 걸쳐 20여 도시를 여행하는 '완벽한 서유럽 15일', 파리

유로스타 탑승은 물론 세계 3대 박물관(대영, 루브르, 바티칸) 내부 관람도 포함되어 2주간 서유럽 곳곳을 돌아보며 다양한 문화적 경험을 할 수 있었다.

　유럽은 물론, 2주 이상 장기 여행을 계획한다면 고려해야 할 사항은 적지 않다. 그런데 거의 1달을 계획했다니 비용과 언어는 물론 긴 일정 동안 안전하게 여행할 수 있을지 걱정이 되었다. 다행히도 딸아이가 전부 일정표를 전부 정리하고, 예약 등을 사전에 하고 Check을 해놔서 크게 불편한 점은 없었다.

　우리의 15일 유럽 여행 국가는 이탈리아(로마), 파리, 스위스였다. 언어 걱정 없는 남들과 섞이지 않는 편안한 유럽 여행! 딸이 한 해 벌어 모아둔 1,500만 원을 기꺼이 우리 부부에게 선사했다. 딸은 모든 여행지를 아래와 같이 계획했다. 사진 촬영부터 여행지 곳곳마다 또한 음식점까지 모두 아낌없이 선물한 셈이다.

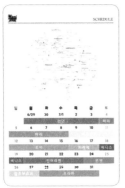  

시련은 왜 예고 없이
한꺼번에 몰려오는가?

살아온 날들을 뒤돌아보면 참 어려운 일들도 많이 있었는데 그들의 특징은 특별한 예고도 없이 한꺼번에 몇 번씩이나 덤벼들었다는 점이다. 과연 순차적으로 극복할 수 있을까? 고민하는 시간이 지나면 나름대로 극복 계획이 마련이 되겠다는 안일한 생각도 있었다.

지금 닥친 이 순간들이 개수도 많고 못된 것들도 많아 다 싸워 이길 수 없지만 결국 시간이 지나면 다시 평온이 찾아오게 된다. 그러하더라도 정말 하늘도 야속한 것처럼 예고 없이 오는 시련들을 알아서 처리해 주는 외부용역은 없을까?

위기의 당시 이야기다. 카드 돌려막기가 바람직하지 않은 것은 잘 알지만, 현실적인 불(연체 위험)을 끌 수 있는 수단이었는데 이마저 막혀 막막했다. 카드 대출(현금서비스, 카드론, 리볼빙)은 보통 연 20%가 넘는다. 그러나 금융 전문가들이 지적하는 카드 대출의 가장 무서운 독毒은 '쉽게 줄지 않는 빚'이 가져다주는 악마의 선물이다.

돌려막기란 신용카드의 현금서비스 기능을 이용해서 매월 결제금을 다음 날로 계속 미루는 것을 뜻한다. 예를 들면 A 카드에서 현금서비스를 받아서 이번 달에 100만 원을 썼다면, 다음 달 결제 대금인 101만 원을 B 카드에서 다시 현금서비스를 받아서 갚고, 세 번째 되는 달에는 C 카드로 101만 1천 원을 갚아나가면서, 현금서비스 한도가 있는 자신의 신용카드를 매달 동원하여 매달 결제금액을 미루는 방식이다.

이러한 '카드 돌려막기'의 가장 먼저 눈에 보이는 안 좋은 점은 위의 예에서도 알 수 있듯이 첫 달 이자는 1만 원, 그다음 달 이자는 1만 1천 원 그 다음다음 달 이자는 1만 2천 1백 원… 이런 식으로 매달 부담해야 하는 금융비용이 늘어나게 되는 점이다.

또한 신용등급이 떨어지게 되면 현금서비스나 카드론뿐만 아니라 다른 신용대출들의 한도가 모두 줄어들 수밖에 없어서, "현금서비스를 통한 돌려막기가 안되면 대출을 받아서 갚지 뭐" 하던 계획이 무너져 연체가 되어 버리는 위험성이 상당히 증가하게 된다. 그리고 연체한 후 영업일 기준 5일이 지날 때까지 갚지 않게 되면 해당 연체정보가 해당 카드사뿐만 아니라 다른 금융기관들도 볼 수 있는 정보로 상태가 변경되어서, 대한민국의 그 어떤 금융기관도 돈을 빌려주지 않게 되는 신용불량자 상태가 되는 것이다.

신용등급이 높은 사람일수록 그 하락 폭도 훨씬 크게 되기 때문에 위험해진다. 예를 들면 신용등급 1등급인 사람이 현금서비스를 받게 되면, 신용등급이 5, 6등급인 사람들보다 하락 폭이 훨씬 커서 한 번에 신용등급이 2, 3등급씩 하락할 수 있다. 분명 서너 달 전까진 1등급이었던 사람이 서너 달 동안 카드값 돌려막기를 하게 되면, 석 달 만에 신용등급 7등급으로 떨어질 수도 있는 셈이다.

단순히 매달 빚이 늘어나기 때문에 좋지 않은 것만이 아니다. 예전과 달리 지금은 카드값 돌려막기로 인해 신용등급이 떨어지도록 제도가 바뀌었다. 신용등급이 떨어지면 그전보다 대출 한도가 당연히 줄어들게 된다. 신용등급은 높은 사람일수록 그 하락 속도도 가파른 것이다.

하지만 우리가 살다 보면 어쩔 수 없이 카드값 돌려막기를 할 수밖에 없는 상황이 올 수 있다. 당시 나는 생활비도 부족해 신용카드로 현금서비스를 받다 돌려막기에 이르렀다. 최근 '빚을 억지로 갚으면 안 된다'라는 주위의 조언에 용기를 내 개인 워크아웃이나 개인회생을 신청하기로 결단을 내리고 연체를 시작했다. 그런데 연체 이후 시작된 빚 독촉에 아내와 가족들이 매우 불안해했다. 집에 찾아와 살림살이를 압류하겠다는 전화도 받았다. 겁에 질린 아내는 어떻게든 돈을 융통해 급한 빚을 우선 해결하기를 원한다. 그동안 돌려막기로 하면서 불어난 빚은 규모도 파악하기 힘든 지경이 되었다.

한 푼도 만져보지 못한 돈, 기존 빚을 갚기 위해 새로운 빚을 일으키는 것이다. 빚을 해결하려면 소득이 늘어야 하는데 소득을 갑자기 늘리는 것은 쉽지 않다. 높은 이자율에 빚을 갚는 속도보다 빚이 불어나는 속도가 더 빠를 수밖에 없는 것이다. 빚 독촉을 견디지 못해 돌려막기의 악순환에 빠지게 되었다.

더 큰 파국을 막기 위해 고통스러운 빚 독촉을 감수하며 채무 조정 방안을 찾아도 보았지만 추심이 들어오면 적극적으로 대응해야 하는데 통신비도 못 내고 추심원의 말에 위축되고, 독촉장, 채권압류, 법원 통지서 등의 우편물은 상당 부분은 은근한 협박과 법적 조처에 대한 과장된 내용으로 압박을 가해왔다.

그중에는 법적 테두리를 벗어난 것도 많지만 채무자 처지에서는 어찌할 방법이 없다. 근본적으로 소득이 늘지 않는 한 시간이 갈수록 카드빚 상황은 더 나빠질 수밖에 없으므로 현재 부채 규모를 파악한 뒤 빚을 줄여가려고 노력해야 하는데 이 또한 쉽지 않은 일이 된 것이다.

대부분 금융상황이 이렇게 되는 이유는 첫째는 편리해서, 간편해서 쓰거나(또는 급해서) 둘째는 더는 대출이 불가능해서 어쩔 수 없이 쓰기 때문에 일어난다. 현금서비스는 어떠한 경우라도 받지 말아야 한다. 더구나 빚 돌려막기는 내 인생에서 가장 큰 아킬레스건이었다.

교통사고와
차량 공매

지난 수십 년 동안 잘했든 못했든 하나뿐인 내 인생의 발자취. 어린 시절 추억부터 지금까지의 목표로 한 삶. 자랑스럽지는 않지만 부끄럽지 않은 지난날. 교통사고 2회, 5년 전 빌려준 사업대출금 미환수로 결국 아파트가 가압류당하고 말았지만 실패에 좌절하지 않았다. 버티고 버텼으며, 마지막이라는 각오로 다시 도전해 보았다. 나락의 길로 빠져든 그 순간에도 우여곡절 끝에 지난 실패를 교훈 삼아 노력해 점차 안정화 준비를 하고 있었으며 독서와 서평을 통해 실패를 딛고 일어서 새 인생을 살게 되었다.

매일 쏟아지는 엄청난 양의 책! 신간 도서는 읽고 싶은데, 어떤 도서인지 알 수 없어서 망설여진다면 서평인에게 직접 이야기를 들어보자. 서평은 신간 도서를 쓴 작가보다 서평인에게 직접 듣는 소개서이기에 서평인이 직접 짚어주는 키포인트로 새로 출간된 도서의 다채로운 매력에 퐁당 빠져보면 어떨까?

공든 탑이 한 번에 무너질 수도 있지만, 2020년 6월, 20여 년 간 꾸준히 해 온 블로그를 초기화시켰다. 사실 네이버 블로그라는 것의 특성상 비공개와 블로그 초기화를 보게 되면 비공개의 경우 '나 혹시 찜찜한 짓 했나?' 하는 생각이 들 수 있고, 초기화는 '내가 그동안 잘못했으니 새롭게 시작할게!' 같은 이렇게 잘못된 인식을 줄 수도 있기 때문에 이런 극단적인 상황이 아니더라도 현재 주력하는 블로그에 나쁜 영향을 끼치지 않도록 초기화시키는 것도 방법이라 생각했다. 교통사고와 빌려준 사업자금 대출금이 회수가 안 되어 극단적 선택을 하기 전 블로그와 각종 SNS를 초기화시키고자 하는 의도였다. 희망적이어야 할 내 인생에 먹구름이 꽉 낀 것처럼 세상이 무너지는 절망 속에 한 가닥의 희망도 볼 수 없는 시련이 닥쳐왔다. 안타깝고 슬픈 삶을 통하여 내 삶의 실낱같은 희망을 붙잡으며 허망하게 내게 남은 귀한 시간을 보내지 않으려 나에게 오는 기회를 놓치지 않고 인생을 전체적으로 볼 수 있는 눈을 가져야 할 것 같다는 생각을 바라본다.

2020년 2월 28일부터 시작된 나의 아픔.

음식 배달 과정에서 교차로에서 좌회전하는 순간 신호위반 차량에 의해 추돌하고 말았다. 차량이 5번 회전하는 큰 사고였다. 에어백도 터져 버렸으나 그나마 안전띠와 핸들을 꽉 잡고 브레이크를 밟아 다행히 연속된 사고는 막을 수 있었다.

당시는 사고로 인해 자동차만 부서진 것이 명백하고, 사고 후에 2차 사고가 나지 않게만 하면 다행이라 생각했다. 하지만 직접적으로 머리에 타격이 없다 해도, 충격을 받는 순간 머리가 심하게 흔들리면서 그 충격 때문에 경직된 척추 주변의 근육과 인대에 무리가 오면서 흐트러진 척추관절의 균형을 맞추기 위해 3개월에 걸쳐 추나요법으로 치료를 받는 등 많은 고통을 겪었다.

당시 이제는 돌이킬 수 없는 사고 때문에 모든 것이 Stop 된 느낌을 받았다. 자동차는 우리의 일상에 필수재가 된 지 오래지만, 자동차 교통사고 역시 우리 일상에 깊숙이 들어와 있다. 특히 신호위반으로 인한 교통사고가 11.5%로 가장 큰 비중을 차지한다. 또한 교통사고는 단기적으로 나타나는 상처부터 평생 나타나는 장애까지 다양한 후유증을 동반하기도 한다. 한 해 4천 명 이상의 사람이 교통사고로 인해 목숨을 잃는다고 한다. 막대한 비용과 시간을 소모하는 교통사고에 대비하기 위해서는 안전 점검이 필수이다. 특히 예전처럼 음주운전이 아닌 차량 점검을 등한시하여 교통사고가 자주 발생하는 바, 방어운전이 아닌 상태에서 일어나는 이러한 사고는 또 다른 사고를 부르기 쉽다.

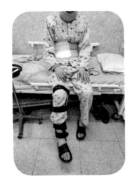

한편 필자는 아무런 잘못도 없는데 큰 피해를 보고도 충분한 보상을 받지 못하고 가해자로부터 어떠한 사과도 받지 못하였다. 교통사고로 인해 상병명KCD-6 및 진단명을 중심으로 염좌, 타박 및 찰과, 열상, 신체 부위의 혈종, 골 좌상, 추간판 탈출증, 근육 및 인대의 손상, 충돌 증후군을 입었지만 피해보상을 받지 못하게 된 것이다.

즉, 뼈가 부러지거나 완전한 골절이 발생하지 않는 한 피해보상은 없다. 종합보험 또는 공제에 가입된 자동차가 일으킨 교통사고의 경우 운전자는 형사 처벌되지 않는다. 실정에 맞는 심리적 비용을 추정하여 보상되는 제도가 마련되었으면 하는 아쉬움이 있다.

일단 한방치료든 양방 치료든 교통사고로 보험처리를 하게 되면 치료에 제한을 받는다. 입원 기간, 치료 기간, 치료 횟수, 치료항목까지! 또한 교통사고를 당해 치료를 받다가 또다시 통증 장애 등 추가 치료가 필요한 경우, 장해급여를 신청했다가 거부당하는 경우도 많다.

그럼에도 불구하고 이런 난관을 이겨내고 다시 도전하면서 어떤 난관도 극복할 수 있다는 희망을 품어본다.

코로나19, 금융권 독촉으로
원룸에서의 6개월

어떤 위로를 해도 위로가 안 되기에 말을 썼다 지웠다 하게 된다. 사람이 본인 몸에 해를 끼치게 되면 그 후로는 더 자신을 갉아 먹게 되기에.

누군가는 누군가를 죽이고 미워하고 끊임없이 일해야 한다. 나도 때로는 누군가를 증오하고 시기하고 누군가에게 화를 내었다. 전생에 우리가 쌓은 죄의 죗값을 치르기 위해 이곳에 태어난 것이기 때문에 자살하면 다음 생에 이곳에 또 태어나 벌을 받아야 하는 것 같은 위기감도 있었다.

죽음은 내 형량이 채워지면 자연스럽게 다가올 것이다. 그러니 죽고 싶을수록 남들에게 더 베풀고 힘든 사람을 돕는 삶을 살아보자. 하늘에서도 착한 사람들을 먼저 데려가는 거 같다. 그럼 이 지옥에서 착하고 선하게 살아 나가면 하루라도 더 빨리 지옥을 탈출할 기회를 주시지 않을까?

삶에 너무 큰 의미를 부여할 거 없다. 삶은 신이 단지 우리에게 죗값을 받고 뉘우칠 기회를 한 번 더 준 것일 뿐이라고, 돌멩이로 태어나면 죄를 씻을 수도 없이 평생 이 지옥에 돌멩이로 살아야 할지도 모른다고 생각해 본다. 어쭙잖은 위로로 괜히 상처가 될까? 걱정도 되지만 우리는 충분히 이겨 낼 힘을 누구나 가지고 있다고 생각한다. 힘든 시기에 제자리라도 굳건히 지키고 계신 분들 모두 다들 파이팅을 외쳐본다. 죽고 싶은 만큼, 죽을 정도로 더 열심히 살고 견디면 그때 죽고 싶었다는 것보다 2배는 더 행복해질 것이다.

대부분, 이 시국에 많은 분이 힘드시겠지만, 필자의 심정을 100% 알고 공감해 줄 사람은 사실 본인 말고는 없다. 필자 역시나 시국이 시국인지라 상황이 장기화하면서 생활고가 시작될 때 잠시 안 좋은 생각을 하기도 했다. 근데 죽으란 법은 없듯이, 다 지나가고 보니 아무것도 아니었다. 그만큼 행복이 더 올 수 있다!!

살아 있어서 살고 싶어 사는 사람이 몇이나 되는지? 당장 월세니, 뭐니 나갈 돈 있으니 몸은 움직이고야 있지만 다들 이러고 사려니 물 흐르듯 살아가자. 너무 힘들면 병원을 찾아가 보는 것도 좋다. 사실 "힘내세요"보단 가족을 생각해서도 있지만 '본인'을 생각해서 "견디세요"를 더 추천해 드리고 싶다. 훌훌 털고 행복한 나날들을 보내시길 바란다. 가족, 주변 사람을 위해서 살아가야 한다. 죽을 생각으로 더 아등바등 열심히 그리고 바쁘게 살다 보면 죽을 생각도 안 난다. 돈 많고 잘산다고 하루에 네다섯 끼니 먹고 사는 것 아니고, 사람 사는 글에 공감하는 거 보면 다들 사는 게 그리 다른 것 같진 않았다.

필자 역시나 예전엔 삶에 극단적인 생각도 자주 하곤 했는데, 돌이켜보면 오늘 하루가 간절한 그런 사람들도 많다. 자신의 삶에 의미가 없다고 생각이 든다면 오늘이 간절한 사람이나 동물들을 만나보는 것도 괜찮을 것 같다. 봉사활동이라던가, 유기동물보호소, 주변 병원 등이 그 예다.

마지막으로 필자가 만났던, 어려운 상황을 경험했었던 분께 들려주는 이야기, 지금 어려운 상황을 경험하고 있는 모든 분들게 들려주고 싶은 이야기를 적어 본다.

"지금 필자가 하는 말이 눈에 들어오지도 않고 위로가 되지도 않겠지만 자신의 감정에 솔직해졌으면 좋겠다. 슬플 때는 참지 말고 울기도 하자. 너무 무뎌지면 자신의 감정을 더욱 모르게 될 수도 있으니깐. 그거 한 가지라도 할 수 있다면 아주 멋있고 대단한 사람이라고 생각이 든다. 힘들면 쉬어가고 다른 사람들보다 자신 스스로가 하고 싶은 걸 찾을 수 있었으면 좋겠다. 이런 말씀밖에 드릴 수 없다는 점은 안타깝지만 버티다 보면 어찌됐든 좋은 날이 생길 것이다."

"자살"
거꾸로 하면 "살자"

코로나 때문에 거리두기다 뭐다 해서 집에 있는 시간이 더 많아져서 그런지 우울감도 늘어난 것 같다. 그렇지만 이렇게 힘들었던 시간 잘 견디고 나면 힘들었던 날이 기억 안 날 만큼 행복한 시간이 찾아오지 않을까? 죽을 용기 반대로 바꾸어서 의미 있게 보낼 방법이 분명 있을 것이다. 자세하게 어떤 내막이 있으셨는지는 알 수 없지만 힘내시길 바란다. 여기 내용을 보실지 모르겠지만, 벌써 죽기엔 아직 경험하지 못한 좋은 일들이 많은 예쁘고 소중한 나이 아닐까?

식사 꼭 잘 챙겨 먹고 낮에 공원 같은 데서 잠깐씩 산책이라도 해보는 건 어떨까? 햇빛을 받으면 우울함을 극복하는 데에 도움이 크다고 한다. 지금 그 순간 힘들다 해서 극단적인 선택을 생각하는 건 안 좋다. 솔직하게 누구든 좋은 날이 가득하길 바라지만, 사람 일은 그 누구도 예측할 수 없으므로, 지금 힘들고 지쳤으면 잠시 쉬었다 가고 하던 일 모두 내려놓고 평소 하고 싶었던 거 다 해보자.

이 세상에 소중하지 않은 사람은 없다. 누군가에게는 다 소중한 사람인 것이다. 지금 순간이 힘들고 지쳐서 극단적인 선택을 한다면 남겨질 가족은 평생 슬픔에 갇혀 지내야 한다. 해결방안을 (직접 도움은 못 드리지만) 다른 쪽으로 생각해 보는 게 좋은 선택이라고 생각한다.

혼자 얼마나 힘들었을까? 얘기를 듣다 보니 마음이 정말 아팠다. 이럴수록 혼자 계속 있다 보면 생각도 많아지고 더 우울해지고 괜히 눈물도 났다. 그럴 때는 근처 공원이라도 가서 바람 쐬시다 보면 조금은 마음이 편해질 수도 있다. 무슨 일로 인해 님의 마음이 힘들고 괴로웠을지는 잘 모르지만, 누구보다 소중한 사람이라는 걸 꼭 잊지 말았으면 좋겠다. 이렇게 용기를 내 말씀해 주셔서 너무 감사하게 생각한다.

그냥 누워서 쉬는 거보다 어디라도 돌아다녀 보니까 한결 낫고 여태까지 잘 버텨온 것이다. 조금만 짐 덜어내고 살아 있어 줘서 고맙고. 너무 힘들 땐 진짜 소리를 내서 우는 것도 조금 풀리게 된다. 눈물이 난다면 실컷 울어도 보고 잡히는 대로 집어던져도 보고 일단 좀 휴식과 힐링이 필요한 것이다. 그냥 무기력해도 아무것도 못 해도 어쨌든 살아 있다 보면 언젠간 에너지가 조금씩 차서 다시금 정상적인 삶이 가능할 것이다. 어떠한 위로를 받아도 위안이 안 되겠지만 어쨌든 살다 보면 좋은 일은 생길 것이다.

나 자신도 참 재미없고 의미 없는 인생이라고 생각될 때도 있었지만 아무 생각 없이 외출준비도 해보고, 인스타그램 필터 여러 가지로 셀카도 찍어보고, 세상 깨끗하게 샤워를 두 시간 동안 한다거나 산책도 하면서 사소한 게 참 많은 도움이 되었다.

힘을 합쳐 다같이 의미를 찾아보자. 극복은 내가 하기 나름, 그 후에 오는 행복은 더 크게 느껴질 것이다. 기대하는 삶을 살아보자. 좀 닳고 또 닳게 해서 아픈 곳을 찌르던 것들이 무뎌질 때까지 좀만 참아내어 보자. 지금 당장은 죽고 싶은 만큼 힘들겠지만, 내일은 어떨지 아직 살아보지 않았잖는가? 내일은 행복할 수 있을 것만 같다고 생각해야 한다. 어떤 날은 내가 죽을 깡도 없구나 싶어서 죽지 못해 계속 사는 것은 아닌가? 싶기도 하지만, 지금의 그 기분을 느끼고 받아들이는 것도 하나의 방법이 될 것이다.

아침에 일어나 이부자리를 잘 정리하고 기지개도 시원하게 켜고, 방 청소를 해보고 설거지를 해보자. 작은 행동 하나하나에 성취감을 느껴보자. 그리고 일기를 써보자. 하라는 대로 하지 말고 하고 싶은 것만 해보자. 너무너무 힘들어도 믿어주는 사람들이 있다. 힘든 거 내려놓고 행복하였으면 좋겠다. 사실 "힘내세요"보다는 가족을 생각해서도 있지만 "본인"을 생각해서 "견디세요"를 더 얘기해 드리고 싶다.

돈은
인격이 없다

인생을 즐기며 사는 것이 행복이라고 생각했는데, 음식을 씹어도 아무 맛이 나지 않는 것처럼 즐기려 할수록 즐거움이 사라졌다. 잠을 제대로 자지 못했고, 화와 짜증이 많아졌다. 반짝반짝 빛나야 할 나의 쉰여섯 살은 많이 흔들렸나 보다. 무슨 일을 해도 답답하고 지치고, 글도 읽기 힘들었던 나의 삶이 편안해지고 빛이 날 이야기. 지금 시작하련다. 자연스럽게 있는 그대로의 지금 내 마음을 나누게 되는 날이 빨리 왔으면 좋겠다. 꾸미지 않고 있는 그대로 글을 써내려 하니 오히려 더 당당한 사람으로 살아갈 수 있을 것 같다. 있는 그대로의 나 자신을 받아들였고 솔직해질 수 있다.

사실은 조금은 개인적일 수도 있을지 모르겠지만 나의 이야기를 조금 해보려 한다. 이 책을 나의 부모님인 최정기, 김순이 여사 그리고 필자를 아는 모두에게 바친다.

어느 날, 낭떠러지에서 떨어지니 늪에 빠진 것과 같았던 현실에서 벗어나기 위해 발버둥을 치고 있을 때, 나에게 일방적으로 그들을 이해시키려는 아내, 자식으로부터 인생이 뿌리째 흔들리는 고통을 맛보았다. 왜 힘들었을까 생각해 보니 누구나 대부분 그렇겠지만 나 역시 속내를 표현 안 하고 살아왔다. 지금의 마음 그대로 솔직하게 꺼내야 하는데 그게 안 되었다. 불편한 마음일 때도 좋다고 말하고 싶고 꾸미고 잘 얘기해서 지금 내가 행복하고 똑똑하게 보이고 싶었다. 그렇다 보니 나도 모르게 현재의 내 마음속 힘들고 불편한 얘기가 불쑥불쑥 나오려고 해서 그걸 감추고 꾸미려고 하니 나누기가 힘들었던 것 같다.

사회생활 때문에 시작한 음주는 내 삶을 지배했다. 한 달 중 20일은 술자리가 있었고, 나는 술의 힘을 빌려 세상을 살아가고 있었다. 사회생활을 하면서 마시게 된 술은 오랫동안 나의 삶에 많은 오점을 남겼다. 술은 친구들이나 거래처와의 친분을 쌓아가는 좋은 것이기는 하나 취하면 제어할 수 없어 실수하게 된다. 또한 몸도 망가졌다. 한 달에 20일 이상 술자리가 있으니 매일 음주를 하는 것과 같았다. 어느 날은 친구들과 2차, 3차 술자리를 하고 택시에서 내려 아파트로 들어서는 순간 보도블록에 걸려 넘어지는 사고를 친 것이다. 지금은 술자리에서도 술에 얽매이지 않는다. 물잔에 술을 부어 그동안 물처럼 마셨으니 이제는 물을 술처럼 마시겠다고 웃으며 이야기한 적도 많았다. 술취한 모습이 없어져 일상이 바빠졌다. 하고픈 일도 할 일도 많아졌다. 독서가 재미있다. 세상이 달라 보인다.

내가 지은 매듭 내가 풀어야겠다는 마음과 죽을 때 후회하지 말아야지 하는 마음이 들어 손을 내밀었다. 내게 일어난 일을 다른 각도로 바라보는 방법을 알게 되니 한결 편해지고 원망의 대상을 이해했다.

꽁꽁 묶여있던 매듭이 풀려 지금껏 바윗돌처럼 눌려있던 아내와 자식들과의 문제가 그들의 문제가 아닌 내 문제였음을, 나는 이제까지 아내나 자식으로 인해서 불행해졌다고 착각하고 있었음을 알았다. 그 순간 바윗돌은 사라지고 아무것도 아니었음에 웃음이 나왔다.

그러나 두 번째 쓰나미가 온 것이다. 부드러워졌고 감정의 찌꺼기가 남아 있지 않으니 아내의 말들이 들렸다. 사람들이 너무 싫고 지겹다며 아무도 없는 곳에서 혼자 살고 싶다고 말하는 나 자신의 얼굴이, 말들이 가슴으로 들어왔다. 내 인생의 주인이 된다는 것이 힘들어 포기해 버릴까 하는 분별심과 자괴감을 뒤로하고 하루하루 낙숫물이 바위 뚫듯이 살다 보니 1,000일이 지나있었고, 양파 껍질 벗기듯이 저의 없기를 한 타래씩 벗겨 내고 있었다. 그 어떤 상황에도 모든 것은 내가 만들고 가꾸어 간다. 코로나 여파로 경제적인 어려움이 있지만 어떻게 살아가야 하는지 방향을 잡고, 저를 지탱하고 버팀목이 되어 준 것은 스님의 법문과 서로 격려하고 힘이 되어 준 먼 지인들이었다.

모든 것은 관계다. 태어나는 순간부터 부모 자식으로 만나는 것부터 관계가 시작되고 형제끼리도 역시 그러하다. 그 안에서 관계를 편안하게 살아가는 사람들이 있는가 하면 왠지 삐걱대는 사람들도 있기 마련이다.

나는 그동안 아내에 대한 원망과 미움으로 세월을 보내고, 아이들에게 스트레스를 막 풀며 살았다. 내 인생에 많은 힘이 되고 중심이 되어 준 내가 무엇을 해야 하는지 어떤 일을 해야 할지에 대해 너무나 막막했었던 것이 사실이었다. 사실 정말 머리가 터질 정도로 생각에 생각을 거듭하며 생각할수록 답답해지기만 했다. 돈도 많이 벌고 싶고, 나름 어깨 으쓱할 수 있는 전문가도 되고 싶었다.

하지만 돌이켜 아내를 생각해 보면 늘, 회사에서는 옆 동료들의 화려한 스펙에 묻히고, 컴퓨터도 못 하고, 두 아이 어머니로 고생을 하고 있다. 필자 역시 21년에는 새로운 창업으로 실패를 겪으면서 바닥에 누워있는 동안, 필자가 제일 잘할 수 있는, 제일 설렐 수 있는 일이 무엇인지 고민하며, 실패를 극복하려 한다.

몇 억을 버리고서야, 바닥에 누워있는 동안 다시 회복하기 위해, 살아남기 위해 노력하며 살아가고 있다. 내 강점을 찾아, 바닥에 누워있는 동안 가졌던 마음으로, 필자가 가진 경험과 지식을 바탕으로 강의를 시작하려 한다. 어떤 삶에서도 안주하지 않고, 투자에 실패했어도, 계속 도전하는 모습과 에너지를 전달하고 싶다! 성인군자가 아닌 이상 모든 걸 내려놓고 자족하며 살 수는 없을 듯하지만 욕심의 양은 줄이려고 의식적으로 자신을 스스로 살펴보는 건 필요하지 않을까 싶다.

이후 나는 큰 결심에 이르렀다. 사실 쉽지 않았다. 이 결심으로 인해 앞으로 생길 모든 일에 필자가 책임을 져야 하니까.(한 일에 책임을 지자! 책임지지 못할 일은 하지도 말자는 내 앞의 또 다른 고난!! 정말 어마어마한 수업비가 나를 머뭇거리게 했다)

지금까지의 내 인생 전체를 부정하고 싶을 때가 찾아오는데, 그때가 바로 그랬다. 생각해 보면, 부부가 함께 같은 곳을 바라보고 걸을 수 있다는 건 축복인 것 같다. 아이들에게 가장으로서 남편으로서 어떻게 해야 하는지 나 자신을 돌아보았다. 나를 보니 나의 모습이 보였다. 아내는 나하고는 안 맞지만 다른 사람하고는 잘 맞을 수도 있겠구나, 다른 사람한테는 보석처럼 보일 수도 있겠다는 생각이 들었다.

나를 두려움에 떨게 했던 태풍이 긴 밤, 새벽을 지나고 지금 하늘은 구름 사이로 태양이 밝게 빛나고 있었다. 이런 맑은 날, 깨달음의 장에서 나를 알고자 노력했지만 어느 순간 '왜 나만 이렇게 힘들어야 하고 반성을 하고 뉘우쳐야 해?' 하는 억울한 마음이 크게 올라왔다.

불만을 밖으로 표현하지 않았지만, 안으로 계속 쌓으며 많이 불편했을 거란 생각이 들었다. 지난날을 돌아보니 그동안 내가 상대방은 보지 못하고 저만 옳다 생각하고 살았다는 걸 알았다. 나만 힘든 게 아니라 아내도 자식도 힘들었겠다고 돌이키니 아내와 자식들도 이해가 되었다. 그렇게 아내와 자식과의 관계를 마음속으로 정리하고 이혼을 결심했었다.

이혼을 결심한 데에는 나의 모습이 아이들에게 대물림되지 않을까, 혹시나 나를 닮지는 않을까 걱정했던 것도 있었다. 복사기처럼 부모님이 하는 그대로 자식도 똑같이 따라 한다는 말을 들으니 순간 멍해지고 혼란스러웠다. 이 숙제를 어떻게 풀어야 할지, 앞으로 어떻게 살아야 하는지 먹먹했다. 나의 업보를 여기서 끊고, 내가 바르게 중심을 잡고 살아야겠다는 하나만은 다짐을 했다. 이미 일어난 일을 탓하지 말고 예방할 수 있는 건 예방하고, 내가 행복하게 살면 아이들도 인생을 살면서 힘든 고비가 오더라도 슬기롭게 잘 넘길 거라는 믿음이 생겼다.

나는 내려놓았다고 생각했는데 여전히 움켜쥐고 있었다. 나에게 질문을 하며 안으로 돌이키며 지켜보니 정말로 잘난 것도 없는데 잘난 줄 알고 살아왔다. 나는 무슨 일이든 완벽하게 하려하고, 또 하면 잘하지도 못하면서 잘난 척하고 있었다. 나를 보니 길가에 핀 꽃 한 송이, 풀보다 못하게 느껴졌다.

이제까지 나는 내 모습 그대로 인정하며 넘어가라고 집착하지 말라는 명제에 대해 모두 맞춰줬다고 생각했고, 주위에서도 나를 인정해 주고 할 만큼 했다고 말해주었다. 하지만 이런 내 모습이 인정되지 않았고 단점만 보였다.

그런 모습에 자꾸 걸리는 나 자신이 싫었다. 나 자신을 내려놓았다고 생각했는데 본인이 옳고 잘났다는 생각을 계속 움켜쥐고 있었다. 아내에게도 이렇게 생각하고 대하며 살았다는 걸 알았다. 이런 나와 살면서 참 답답했겠구나 하는 생각. 스스로에게 마음으로 충족되지 못하니 남에게서 그걸 찾으려 했겠다고 깨달아 아내와 자식을 이해할 수 있었다. 그렇게 나의 밑바닥을 보고 나니 나를 있는 그대로 인정하고 바라볼 수 있어 마음이 편안해졌다.

이전의 나는 나 자신을 막 볶아대고 안 되면 애를 쓰고 했다. 지금은 그냥 편안한 마음으로 할 수 있다. 이혼이 나쁜 것도 아니고 좋은 것도 아니라고 그냥 편하게 받아들인다. 오히려 아이들에게 원망하는 마음을 전해주지 않게 되어 너무나도 감사한 마음으로 생각한다. 자식들이 화낼 때 막 흥분하는 모습을 보며 '아 나도 저런 모습이었을까, 내가 그 멍에를 받는구나!' 하며 자식들의 모습을 통해 제 모습을 보고 배울 수 있어 또한 좋다.

지금은 끊임없이 올라오는 생각의 소리를 들으며, 부정적인 생각을 감사로 바꿈으로써 긍정의 미래가 됨을 알기에 정진 중이다.

이젠 아내에 대한 원망과 미움도 없다. 처음엔 나의 행동이 자녀들에게 나쁜 영향을 줄 거로 생각하여 걱정했지만, 자녀들도 이제 성인이 되었다. 자녀들이 성인이 되었으니 독립된 한 사람으로 대하고, 자녀들 스스로 판단할 부분이라고 생각하니 제 마음이 편하다.

마지막으로 남들을 짓밟고 일어나야 진정한 승리의 맛을 아는 것이라고 말하는 것이 스마트폰 시대를 맞는 경제원칙이라면 슬픈 일이다. 내 나름대로 참교육을 지향하다가 이게 웬 날벼락인가! 잃은 것이 너무나 많았고 공든 탑이 하루아침에 무너지는 꼴이다. 쓰나미 같은 어처구니없는 살인 행위다. 내 인생의 가장 큰 위기에 직면해 있고 파란만장한 삶이지만 시대와 나이를 탓하기 전에 너무나 **빠른** 침몰인 것 같아서 화가 났다.

나는 꿈과 희망을 심고 살기 위하여 강인한 욕망 속에 각도 없는 울분으로 남다른 가시밭길을 걸어왔다. 초조한 삶에 몸과 마음은 끝도 없이 추락하고 말았다. 모든 일도 줄줄이 취소되었고 신용 불량으로 잃게 되었다.

그렇기 때문에 더욱 내가 내 인생의 주인이 되어 살아야겠구나 하는 생각을 했다. 이렇게 좋은 세상에 굳이 고통을 부여잡고 왜 그렇게 살아야 하는지 희의가 들었고, 또 지금 세상에 '안녕히 계십시오'하고 나와도 되고, 혼자 당당히 살아도 되겠다는 생각이 들었다. 내 인생의 절반쯤을 송두리째 부정당하는 느낌이어서 안타까운 일들도 겪었지만 어떤 형태의 쓰나미가 몰려온다 해도 내 삶과 인생은 접을 수 없다고 결심했다. 나 자신이 아직은 건재함에 감사했다.

고목에 핀 꽃으로 비유되는 나이에 머리가 녹슬지 않아 아직은 도전할 만한 가치가 있다고 생각해 본다. 내 주위에는 수많은 선생님이 있고 오늘도 그들의 손을 잡고 살아가는 데 지혜를 짜고 살기 위하여 몸부림치고 있다.

Chapter 3

우리가 여는 길
새 희망의 길

가장 힘들었던 시간, 속절없이
흘려보낸 것 같아 아쉽습니다

빚,
7천 5백만 원

나는 그동안 남들처럼 평범한 삶을 보내고 있었다. 그런데 어느 날 초등학교 동창이 내게 울면서 이런 말을 하기 시작했다. "남편이 사업을 하다가 사기를 당해서 돈이 필요해. 돈이 없어서 그리고 신용도 안 좋아서 대출도 못 받아."

이전부터 그는 그동안 힘들게 살아왔다는 말을 자주 했었다. 그 말을 믿기는 힘들었지만, 내 처지에서는 나 자신이 못 본 모습들을 보게 된 거니까 그런 말 하는 데에는 다 이유가 있다고 생각할 수밖에 없었다.

"가족들은 대출 같은 거 안 돼? 자식들도 일하잖아. 한번 잘 이야기해 봐. 돈 없다는 게 말이 안 되잖아." 그러자 그는 가족 모두가 신용불량자라고 말했고, 이미 돈 해줄 거 다 해주고 남은 금액이 필요하다고 했었다.

하지만 당시 나에게는 크게 돈이 없는 상황이었다. 그러자 그는 내게 카드 대출, 마이너스 통장, 신용대출 등등을 이야기했다. 그걸 이용해서 돈을 변통해 빌려주면 급한 불만 끄고 자기가 원금, 이자를 내겠다는 거였다.

　사실 처음엔 금액이 몇백만 원밖에 안 되었으니깐 큰 부담은 없었지만 그때까지도 세상 물정 모르는 나는 대출을 받게 되면 그 자체로 신용이 떨어지고, 여러 가지 어려움이 있을 것이라는 사실을 막연한 정도로만 느끼고 있었다. 그래도 "설마가 사람 잡는다고 동창인데 그 돈을 떼어먹겠냐" 하는 얕은 생각이었다. 당시에는 진짜 일체 의심할 것도 없었다. 그런데 세상 살다 보면 남들 평생 한 번 있을까 싶은 일이 나에게 일어났다.

　이후 그는 노래방 도우미를 하면서 일을 하게 됐다고 했다. 그런데 또한 여러 가지를 하다 보니 사채에 손을 대서 매번 무서운 사람들한테 연락이 오는 실정으로 내가 빌려줬던 7천 5백만 원을 받을 길이 점점 멀어져 가기 시작했다.

　사회생활을 하다 보면 금전거래가 자주 발생하곤 한다. 금전거래 자체가 나쁜 것은 아니지만 아무래도 사람과 사람 간의 관계에서 돈 문제가 추가되면 항상 문제가 생기기 마련이다.

　물론 큰돈이라고 하지만 당시에는 한 사람의 인생에 비례했을 때 적은 돈이라 생각했다. 충분히 정상적인 루트로 벌어서 갚으면 금방 갚을 그거로 생각했었다. 그래서 통신비 연체 및 식당 가게를 알아보며 그 금액을 보내줬다.

　사실 너무나 중요한 존재들이고 어려운 일이 있거나 문제가 있으면 서로 돕고 의지할 수 있다고 생각했다. 이 때문에 동창에게 돈을 빌려주게 되었고 곧 돌려준다던 돈은 지금까지 돌려주지 않고 차일피일 미루고 있다.

당시 어려웠다고 하소연한 친구에게 돈을 빌려주긴 했으나, 상대방이 약속을 어기고 핑계를 대며 자꾸 미루는 모습에 괴로운 심정으로 지낼 수밖에 없었다. 급기야는 대여금 소송을 진행하게 되었지만 소송을 위해 위해서 직접 관련된 모든 것을 입증해야만 하게 되었다. 상대방과의 통화내용이라든지 문자 메시지 등의 기록 역시 증거로서 제시하여야 했다.

그러나 문제는 이러한 법원의 확정판결 이후에도 돈이 없다고 하면 참 난감하게 된다. 상대방에게 대여금 반환청구 소송을 통하여 업무를 진행하였다면 소송비용까지 지출되는 만큼 더욱 난감해지는 부분이다.

물론 법원을 통해 재산 명시와 재산조사 방법을 진행도 했고 최후의 수단으로 채무 불이행자 명단에도 넣었다. 아무튼 알고 보니 친한 지인에게 돈을 빌려주고 이후에 돈을 돌려받지 못하는 사례들은 우리 주위에서 너무나 많다. 돈을 받지 못하여 받는 고통도 크지만, 오히려 믿었던 지인에게 받는 스트레스는 더 크다.

사기죄로 신고하고 싶었지만, 1억 미만은 사기죄로도 성립이 안 된다고 한다. 형법 제347조에서 규정하고 있는 사기죄의 정의는 다음과 같다. ① 사람을 기만하여 재물의 교부를 받거나 재산상의 이득을 취한 자. ② 전항의 방법으로 제삼자에게 재물의 교부를 받게 하거나 재산상의 이익을 취한 자.

여기서 중요한 것은 '기망'이라는 단어와 '불법영득의사'이다. '불법영득의사'는 쉽게 이야기하면 불법행위를 통하여 다른 사람의 재물을 취하려는 의사를 말한다. 이는 비단 사기죄뿐만 아니라 절도죄, 강도죄, 공갈죄, 횡령죄 등의 성립에도 공통으로 해당하고 '기망'은 허위의 사실을 말하거나 진실을 은폐하여 상대방을 착오에 빠지게 하는 행위로 결국 사기죄는 허위의 사실을 말하거나 진실은 은폐하는 기망이라는 행위를 하여 상대방의 재물을 취한 경우 성립된다.

결국, 단순히 돈을 빌려주고 갚지 못하였다고 하여 사기죄를 구성하는 것이 아니라, 상대방의 기망과 불법영득의사가 포함되어야 한다는 것이다. 이것을 사실 증명하기란 어렵다. 사람을 믿는 수밖에 없었고 나 역시도 가게에 투자해서 이익을 얻으려 했으니깐. 사실, 애초에 돈을 갚을 의사도 돈을 갚을 능력도 없는 상황에서 지금의 생활고를 이겨 내고자 돈을 빌렸으니 빌려준 것이지 전혀 다른 목적으로 사용하거나 기망행위로 간주하였더라면 빌려주지 않았을 것이다.

나는 살면서 부모님에게서, 또한 결혼 후 가정에서 받지 못한 애정을 또래의 친구들로부터 얻으려 했었다. 모든 사건이 그렇듯 비슷한 처지에 있는 친구들과 어울리게 되며 서로 위로해 주

고 지지해 주는 보상적 삶을 살아간다면 이 얼마나 행복한 것인
가 생각했고, 더구나 나 자신과는 다른 환경에서 자란 친구로부
터 소외되지 않으려고 노력하게 되었다. 그런데 살아가면서 나
자신의 삶에서 주로 안 좋은 일들만 일어나기 때문에 다른 사람
의 불행을 보면 자신에게도 그런 일이 생길 것 같은 불안감을 느
끼고 살아간다. 미래에 대한 기대가 없으며 어차피 미래도 좋지
않을 것이라는 생각에 빨리 죽었으면 하고 바라기도 하고 항상
삶에서 부정적 경험만 하게 되다 보니 자신도 자신에게 안 좋은
일이 일어나는 상상을 하게 된다.

내가 선택한 믿음과 신뢰,
다시 원점으로

이제는 부자 되는 방법의 패러다임을 바꿀 때인 것이다. 얼마를 벌든, 세상이 어떻게 바뀌든 절대 흔들리지 않는 진실이 하나 있다. 편법이나 지름길로 빠르게 부자가 될 방법은 세상에 존재하지 않는다는 것이다.

실패란 없다. 단지 또 한 번의 경험이 쌓일 뿐이다. 그러기에 시대를 따르기보다 과감한 도전으로 시대를 선도해야만 할 것이다. 과거 성공의 방식은 더는 지금의 방식일 수 없고, 현재의 방식 역시 미래의 대안은 되지 못할 것이다. 넓고 얇은 지식, 그 어떤 지식이라도 축적이 없으면 우리의 선택은 여전히 미진한 상태에서의 자기만의 최선일 뿐이다. 그리고 자기 이미지(퍼스널 브랜딩)를 창출하여야만 한다. 그 누구의 방식이 아닌 나에게 맞는 옷처럼, 나에게 맞는 선택이 이루어져야만 하는 것이기 때문이다.

우리가 배워야 하는 것이 있다면 '이 시대를 아우르는 원리'일

것이다. 그 원리를 따라 연구하고 개발해야만 한다. 그런 후 선
택된 자신과 조직의 방향을 구조화하고 체계화하여 공유하고 실
증적 삶으로 성장시켜 이루어 내야 할 것이다.

　이를 위한 한 인간의 성장에는 선배의 이야기가 중요하다. 당
장 눈앞에 보이는 변화만 따라갈 것이 아니라 아무리 세상이 변
해도 변하지 않는 것이 무엇인지를 파악해야 할 것이다. 자신의
삶을 가치 있게 변화시키려는 의지. 당당한 삶의 주인공인 자신
이 행복할 때까지 그 행복한 생활의 든든한 조언자가 되는 것.
서비스의 질을 높여 브랜드 가치를 혁신하는 자세, 정보와 기술
이 경쟁력의 원천인 21C에 혁신을 바탕으로 창조하는 독창성과
아이디어가 존중받는 세상이 되어야 최고의 실적을 올리며 가능
성을 인정받는 것이다.

그 사람이 뭐가 그리 달라서 가능한 것일까? 꿈을 가지고 큰 인물이 되기 위해 실력을 연마하는 사람에게 가장 큰 어려움이 하나 있다. 그게 뭐냐 하면 바로 "0의 연속"인 것이다.

노력하는 만큼 우리의 꿈이 10% 더, 20% 더, 30% 더… 이렇게 하루하루 이루어지는 모습을 볼 수 있으면 얼마나 좋을까? 그러면 힘이 날 텐데, 그렇지 않다는 것이다. 꿈을 이루기 전까지는 계속해서 0이다. 오늘도 0%, 내일도 0%, 3년 후에도 0%…. 이 0% 행진이 10년 정도 갈지 30년 정도 갈지 모른다. 그러니 웬만한 사람들은 중간에 포기하고 마는 것이다.

하지만 성공한 사람들은 0%의 연속을 지긋지긋하게 경험하다가 어느 날 갑자기 100%를 경험한 것이다. 우리는 최선을 다해서 자기 자리에서 열심히 일해야 한다. 그동안 우리가 꿈꿨던 세상을 '갑자기' 경험하게 될 것이다. 갑자기 찾아오는 그날을 위해서 우리는 준비하고 있어야 한다.

누구나 부자가 되기를 꿈꾼다. 또 어디서든 인정받기를 원한다. 자신의 분야에서 성공하기 위해 많은 이들이 피나는 노력을 한다. 하지만 특별한 전략 없이 무의식적으로 노력만 하면 성공으로 가는 길은 더딜 뿐이다. 똑같은 일을 해도 '방법'을 아는 사람은 어디서나 더 성공한다.

저자는 목표를 세우고 도전할 때마다 숱한 의심을 받았다. 새로운 일에 과감히 도전하는 족족 물음표가 꼬리표처럼 따라붙었다. 하지만 저자는 모두가 불가능하다고 여긴 일들을 하나하나 달성해 왔다. 어쩌면 기계주의에 찌든 우리들의 세상에 휴머니즘적이고 인간적인 성공 요인을 부르짖음으로써 굴지의 성공 철학을 대표하는 국제적 베스트셀러가 되었는지도 모를 일이다. 성공하는 사람들은 일정한 무리 내에서 위험에 대한 감수를 기꺼이 한다는 점을 통해 긍정적인 도전 정신을 전파하고 있는 이 책은 성공하는 사람들의 공통점, 즉 성공에 도달할 수 있는 공통변수를 추출하여 이를 체계적으로 개인과 가정은 물론 기업과 조직, 나아가 사회 전체가 더욱 효과적으로 역량을 발휘할 수 있는 방향을 제시해 주고 있다.

여러분의 최종 목적지는 어디가 되고 싶은가? 죽어서 어떤 사람으로 남고 싶은가? 이것은 단 한 번 생각하고 말 것이 아니라

끊임없이 생각해 봐야 할 평생의 숙제이다. 아무리 인생이 자기 맘대로 되지 않는다고 할지라도 자신이 할 수 있는 영향력 안에서 자신의 길을 계획하는 것이야말로 성공하는 사람들의 덕목이라 느껴진다.

이를테면 회사에서 도덕적이지 못한 업무를 나에게 지시할 때, 최악의 경우 그 회사를 그만두게 될 상황이 올지 모르더라도 올바르게 선택할 수 있어야 한다. 그때 중요한 것은 내 자신이 선택해야 한다는 것이다. 주도적으로 살기 위해서는 일단 말이 바뀌어야 한다. '할 수 없다'가 아니라, '방법을 찾아보자'. '할 수 있다면'이 아니라, '내가 할 것이다'. 이처럼 말을 바꾸는 노력을 하려면 생각이 바뀌어야 한다. 일회성으로 그쳐서는 안 되며, 습관처럼 지속해서 실행될 때 나의 삶이 완전히 변할 수 있다. 결국 본질적인 변화는 문제가 외부에 있는 것이 아니라 나에게 있다는 것을 알게 될 때 일어나며, 그 문제의 해결 실마리 열쇠는 오직 자신이 가지고 있다.

또한 서로 간에 믿음이 없다면 서로 불신이 생겨서 비극적인 일들만이 있을 것이다. 나도 느끼는 부분이다. 신뢰와 믿음 그리고 개개인의 선한 성품, 이것들이 이 세상을 바로잡아 줄 것으로 생각한다. 이제까지 성공한 수많은 사람들이 한 행동들에서도 나타나는 부분이다. 우리는 믿음과 신뢰를 줄 수 있는 그런 사람이 되도록 노력해야 할 것이다.

우리가 자신의 태도와 행동에 지엽적인 변화만을 주는 것을 그만하고 그 대신 자신의 태도나 행동의 근본 뿌리인 패러다임을 변화시킬 때에야 비로소 획기적인 improvement를 달성할 수 있다고 이야기를 하고 있다.

인생은 강물처럼
흘러가기만 하는가?

원래 인생은 힘든 것이다. 힘들지 않은 사람이 어디 있나? 세상에서 자신이 제일 힘든 것처럼 얘기하지 말아라. 나 자신도 부모님도 형제들도 친구들도 다 힘든 인생을 살고 있는데 그 힘든 인생을 견디고 노력하고 쓴맛도 보고 해야지 행복한 게 무엇인지 느낄 수 있는 것이 아니던가?

인생은 그냥 강물처럼 흘러가기만 하니까 시간 지나고 나면 바다까지 흘러가게 된다. 그리고 증발 후 다시 비로 내려서 강으로 흘러 들어가서 다시 바다로 간다. 계속 반복되는 게 인생이다. 인생이 마냥 행복하기만 하면 행복한 걸 어떻게 알 수가 있나? 고생 끝에 낙이 온다고 고생을 해봐야 나중에 아! 이게 행복이구나 느낄 수 있는 거 아닌가? 훗날 인생을 살다가, 인생을 저축하는 인생 청춘 포차에서 너도 한 잔, 나도 한 잔 하면서 인생 상담을 나눈다면 이 또한 즐겁지 아니한가?

돌봄은 생애 주기에 따라서만 달라지는 것이 아니다. 혼자 사

는 사람이 많아지고 1인 가구로 사는 기간이
늘어난다. 이혼과 재혼도 많아져서 가족이
었던 사람이 더는 가족이 되지 않는 일이 발
생하고, 전혀 상관없었던 사람들이 갑자기
가족이 되기도 한다. 내가 받은 돌봄을 바로
그 사람에게 돌려주는 것이 아니라 다른 사
람에게 돌려줄 수도 있다. 우리의 인생은 전

생애에 걸쳐 서로 주고받는 돌봄의 수고 없이 유지되지 않는다.

돌봄서비스를 받는 이와 행하는 이, 모두의 삶의 질 향상을 위
해서라도 돌봄서비스를 받기 어려워 몸도 마음도 지쳐간다면 전
문가에게 돌봄을 맡겨야 한다.

최근 세탁이나 청소, 집안일도 이처럼 방문해 돌봄을 제공하
는 서비스로 이용자들에게 좋은 평가를 받고 있다. 돌봄 취약계
층 어르신들에게 생활 점검, 정서 지원, 건강관리 등 다양한 돌
봄서비스를 제공하고 지역 커뮤니티 및 의료서비스와의 연계 활
동을 지원하는 '돌봄리더'와 같은 제도가 운용되면 좋을 듯하다.

지금은 의료 따로, 돌봄 복지 따로, 장기요양보호 따로 하다
보니 각 영역이 연결되지 않고 있다. 이제는 사람 중심, 지역 중
심으로 통합적인 사회 전환을 고민해야 하지 않을까 생각한다.

이처럼 돌봄서비스가 단절 또는 일부 서비스 제한으로 서비스
가 지속되지 못하기 쉽다는 문제들도 내포하고 있어서 노인 생

애 및 복지에 대한 기본적인 이해 외에도 상담 기법, 치매 예방, 요양보호 기술, 건강 식생활 및 구강 관리 등 다양한 커리큘럼으로 돌봄 업무를 돌봄 전문가인 돌봄 전담사가 진행하여 돌봄 업무 전반에 걸쳐 서비스가 이행되어야 한다. 결국 통합돌봄 계획 수립·시행이 필요하다는 의미이다.

돌봄 전담사들이 긴급돌봄은 본연의 업무가 아니라고 선을 그었기 때문에 돌봄을 지자체로 이관하여 교육은 교육전문가에게, 보육은 보육전문가에게 맡기려 하듯이 지자체로 이관하는 것을 민영화라 주장하는 목소리도 커지고 있다.

더불어 돌봄 전담사들이 안정적인 돌봄을 원하는 현장의 목소리를 잊어서는 안 된다. 돌봄은 여러 이해관계가 복잡하게 얽혀 있는 특성상, 특정 영역에서가 아닌 사회 전체 차원에서의 시스템 전환이 필수적인 요소로 지속 가능한 '돌봄 경제'가 실현되어야 하기 때문이다.

빈껍데기 인생

아버지가 내가 볼 수 있는 곳에 있었으면 좋겠다. 그러니까 안 보이면 존재감을 느낄 수가 없다. 아버지와 그냥 마음 놓고 가족끼리 잘 이해하며 행복한 가정을 만들고 싶고 그냥 마음 놓고 살아가고 싶지만 부모님들은 창원에 살고 계신다.

자신의 힘을 믿어라! 어떤 상황이라도 피하지 말고 싸워라! 믿고 있다면, 포기하지 않는다면, 꿈은 틀림없이 이루어진다!

배를 출항시키면 그 배는 위험에 노출된다. 풍랑을 만날 수도 있고 암초에 부딪힐 수도 있다. 하지만 배는 바다를 항해하기 위한 것이지 정박해 있으라고 만든 것은 아니다. 우리네 인생도 마찬가지. 무엇인가에 도전하고, 위험을 감수해야 하는 것이 우리의 직업이다. 실패가 두려워 도전조차 하지 않는다면 이미 실패를 예약해 둔 것과 같은 이치이다. 우리는 정박해 있는 배가 아니라, 출항을 위해 엔진을 켜는 배이다. 용기보다 뛰어난 기술은 없다. 산다는 것은 삶이라는 바다에 뛰어드는 일이며 '나'

라는 배를 출항시키는 모험이기도 하다.

　또한 연탄은 일단 제 몸에 불이 옮겨 붙었다 하면 하염없이 뜨거워지는 존재이다. 연탄은 열아홉 개의 순수한 구멍을 모두 열어 온몸을 불살라 한없는 열정을 바치고 나면 한 덩이 뽀얀 재로 남게 된다. 제대로 잘 탄 것은 모양도 일그러지지 않고 색깔도 순백색을 띠지만 공기조절을 못 해 꺼져버리거나 급하게 타버린 연탄재는 푸석푸석하고 울퉁불퉁하다.
　어찌 보면 연탄과 인생은 닮아있다. 자기가 하는 일에 열정을 다 바치고 인생의 노년의 모습을 바라볼 때 잘 타고 난 연탄의 빛깔과 유사할 수 있도록 우리 모두 연탄이 되었으면 한다. 뜨거움보다 계산과 명민함이 앞서는 세상살이이지만 인생의 마지막 순간에 '그날 우리는 모두 스스로 뜨거웠으며, 서로를 따뜻하게 데워줄 수 있는 연탄이었다.'라고 고백할 수 있도록 연탄의 정신을 가슴 깊이 새겨 보길 바란다.

　모두가 잠든 새벽 밤에 홀로 일어나 살아가는 동안 다른 어떤 이에게 필요한 연탄 한 장 되려 한 적이 있나 조용히 생각해 봐야 할 것이다. 그리고 난 어떤 이들에게 연탄 한 장이 될 수 있을지 하나씩 조심스레 얼굴을 떠올려 본다.

나와 같은
시련을 가진 사람

일하다 실수를 하면 대부분의 사람은 주눅이 든다. 그 실수가 크면 클수록 마음의 상처도 커지고 더욱 위축되게 된다. 그러나 인생은 실수의 연속이다. 아무리 우수한 사람이라 할지라도 실수는 있는 법이다.

무슨 일이든지 일을 하려 하기에 실수하게 된다. 사실 아무 일도 하지 않으면 실수를 하려고 해도 할 수가 없다. 실수하는 것이 두려워서 아무것도 하지 않는 사람과 설령 실수나 실패를 무릅쓰고라도 무슨 일을 해보려는 사람이 있다고 한다면 과연 어떤 사람이 더 나은 사람이라는 것은 굳이 따져보지 않아도 자명한 일일 것이다. 물론 개중에는 용서할 수 없는 실수도 있다. 하지만 대부분 사람은 이런 중대한 실수를 저지를 확률이 매우 낮다.

실수를 너무 두려워하게 되면 이러지도 못하게 된다. 또는 나쁜 암시에 걸려 더 나쁜 결과를 부를 수도 있다. 이 세상 어디에도 실수하지 않는 완벽한 사람은 없다. 아니, 있을 수가 없다고 생각한다. 만약 그 사람이 완벽하다고 한다면 그는 사람이 아니고 신이나 다름없는 탓이다.

그럼 어떻게 하면 매양 저지르고 사는 실수에 대해 자유로울 수가 있을까?

"실수가 뭐 그리 대수냐? 이까짓 일로 내 인생이 좌우되지는 않아! 세상에 실수 없는 사람이 어디 있어?" 이렇게 당당히 나서면 두려운 것이 없다. 사실 사소한 실수 정도로 지금 하는 일을 잃지는 않을 것이다. 실수했으면 그냥 솔직하게 "죄송합니다"라고 사과한 다음 적절한 사후 처리를 하면 된다. 그러면 일은 대부분 해결된다.

그러니 실수를 두려워하지 말고 하고 싶은 일이나 의뢰받은 일에 적극적으로 도전하면 되는 것이다. 누구나 처음에는 "과연 잘할 수 있을까? 혹시 실패하지는 않을까?"라고 불안한 마음이 들겠지만, 그것은 사람이라면 품을 수 있는 지극히 당연한 마음이다. 사람은 가깝거나 먼 미래를 내다볼 수 있는 능력이 없기 때문이다. 불확실한 미래에 대해 불안하지 않을 사람이 과연 어디 있겠는가? 사전에 충분한 정보를 수집하고 철저히 계획을 세워 일을 원칙대로 성실히 최선의 노력을 다해 수행한다면 반드시 길은 열린다.

이렇게 한 가지를 해내면 "하길 잘했어. 나도 할 수 있잖아!" 하는 자신감이 생기고 다음 일을 도전할 때 든든한 디딤돌이 된다. 만에 하나 실패한다 해도 실망하거나 아쉬워할 필요는 없다. "실패는 성공의 어머니"라고 했다. 역사상 수많은 발명이나 발견은 실패에서 중요한 교훈을 얻고 그 교훈을 스승 삼아 끊임없이 노력한 결과로 얻어진 것임은 누구나 잘 알고 있다.

대중적으로 큰 인기를 가진 스포츠인 야구에서 타자는 3할 정도의 안타를 친다면 매우 잘하는 선수로 대접받는다. 즉 10번 나와서 3번 정도의 안타만 쳐도 대단하다는 뜻이다. 그리고 통쾌한 홈런을 자주 치는 홈런타자는 헛스윙으로 스트라이크 아웃을 밥 먹듯이 당하는 경우가 대부분이다. 스트라이크 아웃을 당하는 것이 두려워 온 힘을 다하여 휘두르지 않고 정확도를 연마

한다면 그 타자는 절대 홈런을 치지 못한다. 스윙아웃을 두려워하지 않는 그 자세가 홈런타자를 만드는 것이다.

빙산 대부분은 물 밑에 잠겨 있듯이 우리 마음속 깊이 묻혀 있는 무의식의 세계는 너무나도 강렬하게 우리 마음의 대부분을 지배하고 있다. 남보다 많은 것을 이루고 빛나는 업적을 세운 대부분 사람은 이 무의식의 영역에 있는 보이지 않는 능력을 끌어내 극대화한 사람들이다.

성공한 사람들이 이러한 잠재력을 극대화해 초인적인 힘을 발휘하고 훌륭한 업적을 이룰 수 있었던 이유는 실패를 두려워하지 않는 적극적인 자신감이었다. 실수나 실패에 대한 두려움은 이런 성공한 사람들에게는 애초에 존재하지 않았다. 물론 실수는 적을수록 좋겠지만, 항상 그 실수를 통해 배운다는 자세를 견지하여 괜히 주눅 들지 말고 그 교훈을 다음 도전의 밑거름으로 쓰면 된다.

어렸을 때 순종적인 아이보다 자주 말썽 피우고 실수하는 애들이 성공할 확률이 더 높다고 한다. 호기심이 많고 늘 새로운 것에 도전하고 싶어 하는 아이들은 온통 실수 만발이다.

그런데 실수할 때마다 부모가 일일이 야단을 치게 되면 아이는 혼나는 것이 두려워서 아무것도 시도하려 하지 않는다. 칭찬과 존중이 실린 말을 듣고 자란 아이는 능력 있고 자신감 넘치는 청년으로 자라고, "넌 도대체 제대로 할 수 있는 게 뭐니? 네가 문제가 있는 것은 너도 잘 알지?"라는 말을 듣고 자란 아이는 정말 문제 있는 청년으로 자라게 된다고 한다.

그리고 만약 당신이 직장생활을 하다 실수하여 상사에게 호된 질책이나 꾸중을 당했다고 하자. 이럴 때 당신이 주눅이 들어 그 여파로 다른 일을 하는 것에 주저주저하며 소극적인 모습을 보인다면 그것을 보고 좋아할 선임자나 상사는 결코 없을 것이다. 오히려 솔직하게 잘못을 시인하고 언제 그랬냐는 듯 의연하고 당당한 모습으로 앞으로의 일을 더욱더 자신 있게 잘 처리하는 모습을 보일 때 무한한 신뢰를 보낼 것이다.

그렇지만 한 번 한 실수를 계속 반복하는 것은 그것은 실수가 아니라 실력이다. 그러한 경우 철저하게 자신을 돌아보고 반성하며 다시는 같은 실수를 반복하지 않도록 해야 한다.

한편 잘못을 지적하는 입장에서도 철저히 그 실수 자체에 대해서만 아무도 모르게 불러 당사자의 감정이 상하지 않도록 마음을 충분히 풀어준 다음 살짝 지적하는 수준에서 그쳐야 한다. 어차피 그 사람은 그 실수로 인해 충분히 고통을 받았다. 다시는 그러지 말라고 진심을 담아 충고해 주면 그 마음으로부터 태도가 바뀌게 되어 있다. 진정한 역지사지의 실천을 위해 최선의 노력을 다하려고 나 자신부터 노력해야 할 것이다. 세상에 완벽한 사람은 없다.

사람은 누구나 실수하며 살아간다. 인생에서 누구나 실수도

하고 실패도 하지만 꿈을 실현하려면 실패와 거절을 감수하고
계속 전진해야 한다. 그리고 그 실수를 통해 성장하는 법이다.

당신은
좋은 사람입니까?

필자는 전라북도 군산시 서수면에서 태어났다. 부모님과 양가 집안도 군산시에 뿌리가 있었던 만큼 군산시가 나의 터전이었다. 부모님은 많이 배우지 못했고 물려받은 재산도 없지만 부지런하셨고, 근검절약하시면서 1남 5녀의 우리를 잘 키워주셨다. 이후 부모님께서 성남이라는 좁은 골목에 내 집이라는 걸 마련했을 때 기뻐하시던 그 모습을 잊지 못한다. 막노동판에서 미장 일만큼은 최고라는 신념으로 근면, 성실함을 우리 남매들에게 보여주셨던 자랑스러운 아버지의 뿌듯해하시던 얼굴도 잊지 못한다.

"당신보다 내 자녀들이 더 많이 배우고 더 잘되기를 바라는 것이 바로 부모님의 마음이다. 대한민국은 그런 부모님들의 마음이 실현될 수 있도록 뒷바라지를 아끼지 않으셨다."

별 볼 일 없는 집안 배경이어도, 부모가 학력이 짧고, 많은 재산을 물려주지 못해도 자신의 소망을 이루고 꿈을 실현해 나갈 수 있다는 것을 알려 주신 아버지, 그리고 어머니.

며칠 전 '좋은 사람'이라는 영화를 보았다. '의심하는 순간 모든 것이 흔들렸다…'는 캐치프레이즈가 인상적이었다. "과연 '좋은 사람'의 기준은 무엇일까?"

영화 전체를 감상해도 안다고 생각했지만 전혀 알 수 없었던 비밀이 곳곳에 깔려 있는 심리 미스터리 영화 같았다. 사실 처음부터 끝까지 무엇을 말하려 하는지 혼란이 오게 되면서 중간중간 몰입감을 느끼게 해주는 영화였다. 어쩌면 지난날 내가 처했던, 아니 지금도 진행되고 있는 환상 같아 소름까지 돋는다. 누구나 다 좋은 사람이 되고 싶은 마음이 있을 것이다. 그래서 때로는 자신의 행동에 부끄러울 때도 있고 자책도 하게 된다.

영화는 고등학교 교사 경석(김태훈)이 학교에서 벌어진 지갑 도난 사건과 딸의 교통사고의 범인으로 지목된 학생 세익(이효제)에 대한 의심과 믿음 사이에서 혼란스러워하며 시작된다. 그리고 이미 믿음이 깨져버린 경석에겐 아내(김현정)와 딸(박채은)과의 관계부터 이후 전개되는 상황 모든 것이 극도로 불리하게 전개되기 시작한다.

경석은 누구도 상처받지 않게 사건을 해결하려 한다. 처음 도난 사고가 벌어졌을 때 경석은 사태 해결을 위해 지갑을 잃어버린 학생에게 자신의 돈을 주면서 이를 무마시키려 한다. 경석은 죄를 자백하면 모든 일은 불문에 부치겠다고 제안하지만 아무도 나서지 않는다. 이후 학생 중 한 명이 경석을 찾아와 세익(이효제)이 범인 같다고 지목한다. 이후 경석은 학교 CCTV를 통해 지갑이 도난된 시간, 홀로 교실에 들어가는 세익을 목격한다.

이 지점에서 경석은 억울해졌을 것이다. 게다가 경석은 자신의 잘못을 인정하고 이를 바꾸려고 시도하려는데 세익은 그를 비난하는 것처럼 생각한다.

눈빛이 그렇다. 세익은 경석을 못 믿는 건지, 어른을 못 믿는 건지, 그것도 아니면 반 친구들 모두를 못 믿는 건지. 나아가 자신을 고립시키는 건지 모를 일이다. 반 친구 누구도 세익에 대해 아는 게 없다. 경석은 그게 불안하다. 시간이 오래 걸리더라도 진실을 찾아가는 과정이 필요했다. 그랬다면 괜히 누군가를 의심하지도 않았을 것이고 이처럼 사태가 커지지도 않았을 것이다.

이제 범인은 세익이다. 경석은 아직 기회가 있다고 생각한다. 믿었다. 세익에게 반성문을 요구한다. 진실이든 거짓이든 쓰는 모든 것을 믿겠단다. 세익은 그런 경석의 말을 믿지 못하는 눈치다. 경석은 세익을 따로 불러 그날 있었던 일을 솔직하게 적어달라고 한 뒤 자리를 비워준다.

또한 경석은 아내가 '아이를 보라'고 할 때 키즈 카페부터 찾아본다. 순간 딸의 동영상을 보며 '아빠 미소'를 짓는다. 이혼한 아내의 갑작스러운 부탁을 마다하지 않으며, 자신을 서먹해하는 딸과도 가까워지려 노력한다.

마침 이혼한 아내가 딸 윤희를 하루만 맡아달라고 요청한다. 하지만 경석의 마음은 금세 시험받게 된다. 딸이 투정을 부릴 때도 진심으로 따뜻하게 대하려고 노력하지만 결정적으로 아이가 고개를 돌려버리는 순간, 경석은 굉장히 상처받았고 그때부터 어른스럽지 못한 행동을 한다. 이러한 상황은 차량 블랙박스에 녹화가 되고 있었다. 감정을 넣어 '너 자꾸 그러면 놓고 간다'라고 딸에게 말하는 것이 경석의 모습이다. 분명 '좋은 아빠'와 '좋은 사람'도 차이가 있는 것 같다.

경석은 윤희를 잠시 학교로 데려왔다가 차에 혼자 남겨둔 채 세익을 찾는다. 세익은 아무것도 적지 않은 상태다. 차로 돌아가니 그사이 딸 윤희가 사라졌다. 윤희는 혼자 차에서 내려 떠났다가 인근 도로에서 교통사고를 당했다. 그리고 잠시 후 경찰 전화가 온다. 중상을 입은 윤희는 생사가 위태롭다. 교통사고 가해자는 어떤 학생이 윤희를 길가에 밀어버리고 도망쳤다고 말한다. 이 역시 세익이 범인으로 지목된다.

경석은 좋은 선생님, 좋은 담임, 좋은 아빠, 좋은 남편이 되고 싶었다. 주변 상황은 자꾸만 경석의 그런 태도를 위선이라 몰아붙인다. 이젠 경석도 헷갈리기 시작한다.

딸이 그렇게 됐지만, 여전히 그렇다. 그런데 점점 더 그럴 수 없을 것 같다. 겉으로는 "인정한다"라고 하지만 정작 아내에게

"이건 다 너 때문이다"라고 내뱉는 경석을 보며, 과연 경석이 진심으로 반성했던 것일지 의심하게 된다. 사경을 헤매는 딸을 위해서인지, 아니면 같은 반 아이들에게 따돌림을 당하는 것 같은 세익에 대한 관심인지, 그것도 아니면 자신을 위선자라고 손가락질하는 아내에 대한 분노 때문인지. 이 모든 것이 전부 아니면 경석은 도대체 뭘 바라보고 있었던 것인지. 제대로 보고 있었던 것인지. 자신이 진짜 자신이긴 한 건지. 모든 게 헷갈리기 시작했다.

  본려 경석은 학생들의 선량함을 믿으며, 설령 잘못을 저질렀다 하더라도 금세 뉘우칠 수 있다고 생각한다. 그의 선함은 그다지 뿌리 깊지 않으며, 작은 충격에도 쉽게 흔들린다는 사실이 드러난다. 작은 의심의 씨앗이 뿌려지자, 경석은 싹을 제거하지 못한다. 성인(聖人)이 아닌 이상 누구라도 경석의 상황이 된다면 비슷하게 행동할 가능성이 크다. 자신을 '좋은 사람'이라고 생각하는 자신감은 모래성처럼 허물어질 것이다.
  영화 초반부 경석은 학생들에게 "누구나 잘못할 수 있다. 실수를 인정하고 되돌리면 된다"라고 말하지만, 이는 빈말에 불과함을 스스로 증명한다. 우리가 살아가고 있는 세상도 영화 속하고 별다르지 않다. 누군가의 거짓 소문으로 사람을 죽일 수 있으며, 상대방의 오해로 범인으로 지목받아 감옥에 갈 수 있다. 그렇기에 현실감 있게 짜인 이 영화가 더욱 깊은 울림을 남기고 있다. 한번 깨진 신뢰는 되찾기 어렵다는 것을 영화를 보며 깨달게 되고, 그 오해가 생기게 되는 이유도 처한 상황과 행동에 따라 달라진다는 것을 담아냈다.

영화를 곱씹어보면 선한 사람처럼 보이는 주인공(경석)은 겉보기와는 다르게 사실 선생님, 남편, 아빠로서 최선을 다한 인물은 아닌 것으로 보이며 그럴 수밖에 없을 듯싶다. 아내와는 떨어져 살고, 술 문제도 있었고, 반 아이들이나 딸에게도 시종일관 관심도 없어 보이는 만큼 사실 영화 내내 의문도 들었다.
경석은 실패의 경험이 있는 연약한 사람에게 좋은 사람이 되기 위해 노력하지만, 그의 행동을 하나하나 뜯어보면 과연 선한 행동인지 의문이 든다. 학교에서 지갑 도난 사건에서 자기 돈으로 사건을 무마시키려는 행동은 과연 옳은 선택이었는지, 딸에게 사고가 난 뒤 전 아내에게 모든 걸 솔직하게 말했다면 상황이 달라졌을지, 관계에서 끝까지 믿음을 가졌으면 어땠을지, 함께 생각하는 의미로 영화를 만들게 되었다는데 사실 경석이 처한 상황은 꽤 복잡하다. 진실과 거짓을 명확하게 구분할 수 없는 현실에서는 어떤 것이 올바른 결정인지 알기 쉽지 않다. 어쩌면 우리도 자신이 경석이었다면 비슷한 선택을 했을 것 같다.

모든 것을 좋게만 해결하려 했던 경석의 안일함이 사건들을 얽히고 꼬이게 하는 데 일조했다는 것이다. 경석은 옳은 결정을 위해 이성적인 판단을 하려고 하지만, 그 이면에는 이 모든 것에게서 떨어져 나오고 싶어 하는 태도가 자리 잡고 있다. 진지하게 개입하기보다는 도망치고 싶은 마음. 사실 이게 평범한 사람들의 모습이며, 영화는 그러한 모습을 그렸다.

그런 점에서 경석은 점점 무너져 내리며 다른 사람의 눈에 좋은 사람으로 비치는 행동이 아닌 자신의 감정에 충실한 행동들로 나아간다. 그것이 옳은 선택인지를 판단하라는 영화감독.

너무 나의 지난날 일상과 똑같아서 더는 남의 이야기가 아니게 느껴졌으며 영화 속 가상의 이야기가 요즘 현실의 이야기가 돼 나오는 것이 놀라웠다. 어쩌면 이렇게 한 편의 영화가 내 삶을 고스란히 얘기할 수 있을까? 요즘에도 이런 나와 같은 세상이 있나 싶었다. 너무 창피해서 쥐구멍에라도 들어가고 싶은 심정이었다. 한가운데에 놓인 '생각 의자'에 앉아 어쩌면 숨겨야 했던 나의 과거처럼 주마등이 스쳐 간다.

전라북도 군산시에서 태어나 열심히 하면 내 자녀들의 밥을 먹일 수 있다고 불철주야 노력했던 가난한 집 아들, ICT 26년의 경력을 갖게 된 것뿐만 아니라 다른 분들과 나란히 이 자리에 서 있는 것 자체가 엄청난 드라마이고 코리안 드림이다. '희망', '도전', '기회'라는 이 설레는 말이 대한민국 땅에서 지속될 수 있도록, 우리 사회가 도전과 희망으로 새로운 기회가 되도록 노력할 것이다.

포스코ICT에서 배운
한 가지

일을 벌이는 기업, 지켜보는 기업, 궁금해하는 기업이 있다. 우리는 어떤 기업이어야 하는가? 우리는 일을 벌이는 기업이어야 한다. 이를 위해 마음의 변화가 있어야 한다.

한 기업의 CEO를 존경하는 이유는 그의 경력이 화려해서도 아니고 나보다 많은 다양한 지식을 가져서도 아니며 그저 CEO라는 타이틀이 부럽거나 존경스럽기 때문은 더더욱 아니다. 가슴 벅찬 단어가 뇌리에 꽂혔기 때문이다. 아무도 가보지 않은 길을 가보는 용기, 그러한 용기가 있기 때문이다.

아무도 가지 않은 길, 아무도 가보지 않은 길을 가는 것이기에 거기엔 숱한 실패와 시행착오가 있을 것이다. 길을 걷다 보면, 길에는 쉽고 편한 길과 어렵고 거친 길이 있다. 길이 없는 곳에 길을 내는 일, 아무도 가보지 않은 길을 앞서 걷는 일만큼 어렵고 고된 것은 없다.

그렇기에 사람들은 대부분 쉽고 편한 길을 선택한다. 그러나 이 힘든 일은 최고가 될 수 있는 가장 좋은 방법이기도 하다. 진정 도전의식을 가진 사람은 불편하고 힘든 일을 마다하지 않는다. 그것은 어려운 일을 피하지 않는 비겁하지 않은 삶일 것이며 당당하고 자랑스러운 삶이기 때문이다. 아무도 가보지 않은 길을 간다는 심정으로 최선을 다해보고자 한다.

남들이 가지 않은 길을 간다는 것은 한편으로 무모해 보이기도 하고, 알지 못하는 새로운 어려움과 세상의 저항을 극복해야 하는 불편하고도 힘든 길일 수도 있다. 하지만 남들이 모두 가려고 하는 편안한 길에서는 새로운 창조의 기쁨을 맛볼 수도 없을 것이다. 무한 경쟁 시대에 경쟁자와 겨루어 이기는 방법은 남과 다른 자신만의 차별화된 전략을 세우고 실천하는 것이며, 이러한 차이는 남들보다 좋은 결과를 얻을 수 있는 기반이 될 것이다.

아무도 가보지 않은 길을 가기 위해서는 자기 자신을 등불로 삼아야 한다. 홀로 깨어서 스스로 길을 묻고 자신의 길을 묵묵히 걸어가야 한다.

미래는 살아 있는 그 누구도 가보지 않은 시간의 연속이다. 우리는 그 미래를 향해 아무도 가지 않은 길을 찾아 나서야 한다. 우리는 분명 주변의 많은 기대와 지원을 받고 있고, 이 언덕의 끝자락만 넘어선다면 다음 언덕까지 탄탄대로를 걷게 될 것이란 걸, 그리고 그 길은 우리 모두 가보고 싶었던 새로운 길이란 걸 알고 있다. 우리는 모두 힘들고 지친 서로를 격려하고 지혜와 힘을 모아 보란 듯이 성장해 내야겠다. 그 과정은 분명 힘들겠지만, 그것마저도 즐겁게 받아들일 수 있어야 한다.

아무도 가보지 않은 길에 제일 처음으로 한 발 내딛게 된다면, 그것은 이른 아침 소복이 쌓인 흰 눈을 밟기 전의 설렘과 같지 않을까? 아니면, 벼랑 끝의 마지막 한 발처럼 두려움과 같을까?

보통 사업가가 성공할 확률은 3% 이내이다. 사업가가 사업을 시작해서 1년 이내에 망할 확률이 90~95%이다. 경험적으로 그중에서 3년을 유지하는 데 성공하면 5~7년은 대체로 유지하게 되지만 7~30년 사이에 대부분 망하게 된다.

사업을 시작하고 1년 이내에 멋진 차와 멋진 사무실을 가지고 있다면 자본금을 열심히 까먹고 있다는 것이나 다름없는 셈이다. 정상적인 사업가는 직원들 월급이 우선이며 자신의 월급은 제일 우선순위가 낮아야 한다. 일 년에 한두 번은 자신의 월급이 밀릴 수도 있다.

사업을 시작할 때, 아내와 자식을 행복하게 해주고자 하는 마

음 분명 있었다. 다만, 뜻한 만큼 빨리 되지 않거나 잘되지 않을
뿐이었다. 영광은 가족과 함께 나누고, 힘들고 어렵고 괴로운
것은 혼자 묵묵히 해결하고자 하는 것이 사업가의 마음이다. 사
업가 주변에는 유혹의 덫이 상대적으로 많다는 것은 불편하지만
사실이다. 그러나 그것을 조절하지 못하는 사업가는 사업할 자
격이 없다. 평소 투자를 현명하게 하지 못하는 사람들은 사업에
서도 성공할 확률이 낮다. 나이가 들수록 사업할 기회가 급격하
게 줄어드는 것도 사실이다. 평소 손이 클 경우 사업하면서 돈
이 많이 새어 나간다.

그렇다면 사업을 성공시키려면 어떤 능력이 필요할까? 기본
적으로 비즈니스를 성공시킬 수 있는 필요 역량은 다음과 같다.

 - 해당 분야에 관한 기술 능력을 보유하고 있을 것.(기술)
 - 그것을 특허, 논문, 지적 재산권, 제품으로 객관화시킬

것.(기술)

‒ 재무 건전성을 유지할 것.(재무)

‒ 해당 분야의 주요 Key Man 둘에게 인정받을 것.(영업)

‒ 관련 인맥을 보유할 것.(영업)

그렇기에 술 먹고 골프 하고 여행가고 하는 것들은 정상적인 사업가라면 좋아하지 않는다. 즐겨서 하는 게 아니라 고객을 즐겁게 해주기 위해서 하는 것일 뿐이다. 한밤중에 전화 받고 나가서 새벽까지 술 먹고 들어오더라도 정상적인 사업가라면 결코 즐거워서 하는 일이 아니다.

진정한 사업가라면 다음과 같이 행동해야 한다.

첫째, 첫 해는 무조건 회계장부를 직접 써라.

둘째, 자본금은 첫 해에 다 쓴다.

셋째, 사업가는 월급을 받는 사람에게서 월급을 주는 사람으로 바뀌는 것이다.

넷째, 가장 힘든 것은 사람을 구하는 것과 돈을 수금하는 것이다.

회계장부를 직접 쓰라는 누군가의 조언을 들었을 때, 영업하기도 바빠 죽겠는데 이걸 꼭 해야 하나? 몇 푼 주면 알아서 다 써 주는데…라고 생각하기 일쑤이다. 하지만 회계장부를 직접 써보면 회사의 자금이 어떻게 흐르는지에 대한 기본적인 이해가 생긴다. 통장에 돈이 있어도 적자일 때가 있고, 십 원 한 개 없어도 흑자일 때가 있는 이유를 이해할 수 있고, 올해 수입을 비축해야 할지 풀어야 할지도 짐작할 수 있다.

통장에 돈이 수천 수억이 있어도 빨리 수금하러 가야겠다고 판단할 수 있기도 하다. 그리고 회계장부에 적힌 숫자들의 행간을 어느 정도 이해할 수 있게 된다. 부차적으로 회계사고가 어느 시점에 어떻게 발생할 수 있는지 간접적으로 짐작할 수 있게 된다. 일이 일반적인 형태로 풀려가지 않는 경우 한발 물러서서 다른 관점에서 바라보아야 한다. 그래야 숨겨진 함정이 보이고 해결의 길이 보인다.

직접 만든 회사라면, 아무리 잘난 사람이라도 첫 해부터 꾸준한 매출을 올리기는 쉽지 않다. 대체로 규모의 사업을 주는 회사가 1년간 살아남는지 살펴보아야 한다. 그리고서야 서서히 계약을 풀어준다. 즉, 극단적으로 1년간 수익이 없다고 보아도 된다는 것이다. 하지만 돈이란 있으면 있는 대로 없으면 없는 대로 쓰는 법이다.

10억이 있으면 직원들 월급 다 주고, 영업비도 잘 쓰고, 사무실도 번듯한 곳에 두고 차도 중형급 이상을 몰고 봐야 한다는 사람이 있을 수 있다, 혹은 1,000만 원이 있으면, 직원들에게 고생하자고 양해를 구하고, 사무실은 창고를 구해 쓰고, 차는 기름값이 없어서 자전거나 대중교통 수단으로 돌아다니며, 영업은 얻어먹으면서 해야 한다는 사람도 있을 수 있다.

선택은 자유이다. 단, 절대로 하지 말아야 할 짓의 예로는 집 담보 잡히고 그 돈으로 사업하는 것이 있다. 가족은 나와 영광을 같이 할 대상이지 고통을 같이할 대상이 아니기 때문이다.

사업가는 월급을 받는 사람에게서 월급을 주는 사람으로 바뀌는 것이다. 한마디로 이야기하면 "돈 달라는 xx는 많은데, 돈 준다는 xx는 하나도 없네"라는 한탄이 입에 붙는다. 사업에 대한 대가를 수금하는 데 무릎을 꿇고 받아야 한다. 채무자에게 채권자가 무릎 꿇는 격이다. 쓸 돈은 꾸준히 있지만, 들어오는 돈은 들쑥날쑥하다. 아주 피가 마르게 될 것이다.

포스코ICT는 우리가 가야 할 길, 산학연의 산출물이다. 다소 과장된 기대일 수도 있지만, 결과를 보기까지의 과정은 결국 우리 하기 나름이다.

첫째, IT와 ENG, 스마트 그리드라는 융복합형 ICT 분야를
    발판으로 삼아 사업의 영역 확대를 서서히 하지만 강
    력하게 확대할 수 있어야 한다.
둘째, 정부 3.0 분야에 있어서 생애주기별 서비스 등 획기적
    인 획을 긋고 있거나 큰 축을 형성하고 있어야 한다.
셋째, 민간부문과 ICT라는 분야에서 선두 그룹이며, 경쟁사

들과는 Big Brothers라고 생각해야 한다.

넷째, 자율적인 사고와 엄격한 규격을 대변해야 한다.

다섯째, 최고이다. 그리고 성공 신화라고 자부해도 된다.

사실 지금까지 우리 ICT의 역량을 평가해 보면 수많은 조직 개편, 인적 이동 등 여러 시도를 해보았지만 뚜렷이 내세울 것이 없었다. 별도의 팀을 꾸려서 상품을 만들자니 우리의 자본 여력은 너무 빈약하고, 일하면서 상품을 만드는 것은 이상적인 이야기일 뿐이었고, 용역 받은 일을 제품으로 만드는 것은 할 수 없었던 것이 사실이다. 프로젝트, 단순 운영, 개발, 컨설팅, 영업, SI 등등. (물론 이 부분에 대해서 고민할 여지는 분명 있긴 하다)

따라서 사업체계를 고민해 봐야 한다. 우리가 선택할 수 있는 단순한 방법은, 두 가지이다. 하나는, 정부의 정책을 활용하는 것이다. 즉 정부 지원 자금을 받아 그 자금으로 개발해 보는 것

이다. 산학연 정부 용역과제 등은 눈먼 돈이라는 생각에 경쟁이 치열하고 이전과는 달리 정책관리가 엄격해지면서, 되기는 어렵고 되어도 관리하기 힘든 구조이다. 한 마디로 "정말 필요한 놈들만 와라. 대신 이 돈 쓰는 건 쉽지 않다"라는 개념이 녹아 있다. 어쨌든 우린 필요한 놈들이니까 부딪혀야 한다.

역시 이것도 노하우가 축적되어 있어야 한다. 처음에 몇백만 원, 몇천만 원짜리 일로 시작해서 제법 규모가 커지고 처음에는 단순 용역으로 시작했던 일이 앞으로는 공식 실적으로 인정받을 수 있는 공동 참여 형태가 될 수도 있기 때문이다.

두 번째는 직접 수주하는 방법이다. 말이 쉽지 그게 어디 하루 아침에 가능한 일은 아니다.

- 회사가 직접 수주하려면,
- 기술이 증명되어야 하고,
- 회사의 규모가 일정 이상이고, 수주 능력이 있어야 하며,
- 자격 조건(업 등록 등)이 갖추어지고,
- 영업력이 매우 강해야 한다.

우리가 이들 중 무얼 가지고 있는가를 고민해 봐야 한다. 기술이 축적되어 있긴 했지만, 증명할 길은 없고, 규모는 크지만, 수주 능력은 포스코나 패밀리사에 국한되어 있고 대외시장 몇 개를 빼놓고는 그렇게 내세울 만한 것들이 없었다. 자격 조건으로

기술등급 인력과 쓰지도 않는 구식 장비를 갖추어야 등록이 되지만, 이를 유지하는 데는 돈이 든다. 영업력은 우리 회사가 가진 능력이 전부이긴 하지만 경쟁사들과 비교해 상당히 약한 모습을 보인다.

수주 실적은 없지만, 몇 차례 도전을 통해 인맥이 늘어나고 입소문도 더 나는 효과가 발생하고, 그 덕분에 단독은 아니지만, 컨소시엄으로 수주가 될 기회가 주어질 수 있다. 재미있는 것은 이 두 가지 경로가 합쳐져서 정부 지원 사업을 획득할 수도 있다는 것이다.

마지막으로 중요한 것은 직원의 변화이다. 우리는 너무 많은 단어를 사용해 왔다. 품질혁신, 4S, 6 SIGMA, VP, QSS, 혁신 등. 결과적으로 직원 스스로 알아서 공부하고 관련 업무 지식을 자발적으로 증가시켜 나갈 것을 기대하기는 힘들게 되었다. 그렇다면 직원의 변화를 기대하려면 어떤 것들이 필요할까?

첫째, 광고보다 더 강력한 무기는 입소문이라는 것을 믿자.

무슨 일을 하든 간에 입소문이 나게 하려면 어쩌다 찾아온 고객의 신뢰를 철저히 받아야만 한다. 고객의 신뢰는 감동에서 나온다. 고객을 감동하게 하는 법은 간단하다. 약속은 남들 하는 만큼만 하지만 실제로는 그 약속보다 더 많은 것을 해주면 되는 것이다.

필자가 패밀리사 현장에서 업무를 시작한 지 얼마 되지 않았던 때의 일이다. 어느 날 토요일 오후에 현장에서 A/S 접수가 들어왔는데 회사는 즉시 직원들 중 동원 가능한 인원을 수배하여 함께 서울에서 포항까지 달려가 수리를 해주었다. 후에 나는 그 고객사를 다른 고객들에게 부지기수로 소개하여 주었다.

둘째, 경쟁이 없는 분야에 새롭게 찾아서 들어가야 한다. 남들이 볼 때 별로 멋있어 보이지 않는 것들을 주로 한다는 말이다. 멋지지 않은 분야에는 천재들이나 큰 회사들이 들어오지 않으며 일류대 출신도 오지 않는다. 그저 보통 사람들이 들어올 뿐이므로 우리가 열심히 하면 충분히 이길 수 있다. 그리고 경쟁이 약할 때 최대로 수익을 창출하는 것이다.

향후 10년은 4세대 이후의 표준화를 선점하기 위한 국가 간 경쟁이 치열하게 전개될 것으로 예상되지만 우리나라가 4세대에서 얻었던 성과를 발판으로 확실하게 글로벌 표준화의 주도권을 잡아갈 기회이기도 하다. 남들보다 앞서 핵심 분야에 관한 선행 연구와 투자를 통해 다가올 5세대의 표준화에서는 확실하게 국제적 지도자로서의 입지를 확보해야 한다.

셋째, 그 업종에서 경쟁이 치열해지면 그 업종을 버리거나 현상 유지만 하게 하고 다른 업종을 추가해야 한다. 기존 업종에서 오버헤드 원가(직원 인건비 같은 필수적인 운영비)를 커버하게 되면, 새롭게 들어가는 업종에서 우리의 오버헤드 원가는 제로가 된다. 하지만 우리가 들어가게 될 새로운 업종의 경쟁자들은 오버헤드 원가를 그 업종에서 마련하여야 한다.

당연히 우리의 가격, 품질, 서비스가 그 경쟁자들보다 더 좋아야 하며, 따라서 1년만 원가 박치기를 하면 고객을 휘어잡을 수 있다는 결론도 생긴다. 고객의 신뢰가 확보되면 이득이 없는 과거 제품은 퇴역시키고 이득이 있는 신제품을 내놓아야 한다.

사업에 있어 '운영' 업무는 가장 기초적이고 우선적이다. 프로젝트 관리자는 한정된 시간과 예산 내에서 시장의 필요와 고객 만족에 부합하는 제품을 내놓아야 하며, 그것을 기준으로 시장 내에서 기업의 브랜드 가치가 형성된다. 새로운 것들을 창조해 내기 위한 연구는 위험 부담이 크면서도, 사업에 가장 매력적인 투자 요소가 될 것이기 때문이다.

넷째, 오버헤드 원가를 최대한 낮추어야 하므로 신규 인력의 채용은 최대한 하지 않는 게 좋다. 따라서 기존 직원들이 새 업종의 업무도 맡아야 하며 즉 한 가지 일을 하는 것이 아니라 두 가지 이상의 일을 해야 한다는 말이다. 이렇게 해서 수익이 늘어나게 되면 그 수익은 직원들에게 돌아가는 원동력이 된다.

즉 직원이 개인적으로 겹벌이(two jobs)를 갖는 것이 아니라 회사가 겹벌이, 세 겹 벌이를 만들어나가면서 수익을 증대시키는 원리이다. 그러므로 개인적으로 부업을 하겠다는 생각은 하지 않게 만드는 것이다.

다섯째, 새로운 일을 해야 할 때는 다소 두려움도 있을 것이다. 그러나 겁내지 말아야 한다. 그 두려움은 지식의 부족에서 생기는 것일 뿐이다. 모르면 배우면 된다. 나 자신도 모르면 배운다는 사실을 잊지 않고 있어야 한다. 배운다는 것은 지식을 쌓아야 한다는 말이며 결국 능력개발을 해야 한다는 것이다. 그러므로 공부해야 한다. 대다수의 보통 사람들이 하는 사업은 기껏해야 책 한 권의 지식도 필요하지 않다는 것을 진리로 받아들이고 있다.

여섯째, 한정된 시간에 복수의 일을 하려면 효율이 높아야 한다. 효율을 높이려면 끊임없는 업무개선이 필요하다. 그러므로 언제나 개선을 생각해야 한다. 6개월간 같은 방식으로 일을 하고 있다면 뭔가 잘못된 것이다. 개선을 못 하게 되면 일에 치이게 된다. IT 활용 능력은 업무개선을 꾀하는 데 있어 필수적인 지식임을 명심해야 한다.

일곱째, 시간을 절약할 수 있는 모든 방법을 동원하여야 한다. 예를 들어 결재, 보고 혹은 회람 목적의 모든 문서 작성에는 절대 시간을 많이 투자하지 말아야 한다. 그저 텍스트만 입력하면 되며 문서를 보기 좋게 꾸미는 따위의 짓은 절대 하지 말아야 한다.

심지어 이면지에 볼펜으로 전혀 예쁘지 않게 끄적거려 올려도 상관없다. 회사 내부 결재를 받기 위해 결재 서류를 모양이 나게 꾸미는 직원이 있다면 그냥 두지 않아야 한다. 파워포인트로 작성하는 것은 오직 외부용뿐이기 때문이다.

여덟째, 각자가 개별적으로 지식을 증대시키기 위해서는 엄청 난 노력과 시간이 필요하다. 그 노력과 시간을 축소하려면 자신이 알게 된 지식과 경험을 다른 사람과 공유하여야 한다. 그렇게 하려면 모든 업무 메일을 관련자 모두가 송수신하고 배워야 한다. 이게 지식공유이고 지식 창고이다.

아홉째, 전체 회식이나 단합대회, 운동회 같은 것은 없다. 밥을 같이 먹고 술을 같이 마셔야 일을 더 잘할 수 있다고 전혀 생각하지 않는다. 머리와 지식으로 일을 해야 하기 때문이다. 부서별 회식 정도만 가끔 허용하되 반드시 술은 절제하며 마셔야 한다.

결론적으로 새로운 시작은 언제나 불편하다. 그러나 그 길을 열어두는 것이 유일하게 성장하는 방법이다. 아무도 가보지 않은 길을 만들어 IT의 새 역사를 쓰고, 장기적으로 5조 원대의 연 매출을 달성하는 기업으로 만들겠다는 것이 목표이다. 주인의식과 책임 의식을 바탕으로 도전하고, 새로운 가치를 창조하는 것을 두려워하지 않는 포스코ICT 그들의 모습에서 새로운 길을 열어갈 포스코ICT의 미래가 엿보일 것이다.

인생은
마라톤과 같아서

각박한 이 세상에서 26년간이나 한 회사에 인생을 맡겼다는 것은 본인으로서도 영광이지만 회사로 봐서도 랜드마크라고 할 정도로 귀중한 사람이 되었다는 의미이다. 그래서 인생은 마라톤과 같다고 생각해 본다.

쟁기가 씨앗을 심기 위해 땅을 파 일구는 데 쓰이는 기구라면 인내는 성공을 가로막는 실패의 마음가짐을 파 일구어 성공의 씨앗을 뿌리내리게 해주는 마음의 쟁기일 수 있다.

우리 삶은 마라톤과도 흡사하다. 마라톤에서는 길이 멀다고, 혹은 뛰는 것이 힘들다고 주저앉거나 뒤돌아오는 것은 의미가 없다. 반환점을 돌아오는 사람의 틈에 살짝 끼어들어 오는 것도 당연히 반칙이다. 힘이 들더라도 페어플레이 정신으로 끝까지 완주하여 결승점에 왔을 때 환희는 온전한 선수 본인의 것이 된다.

이렇듯 힘들 때 포기하고 남의 성공을 바라만 본다면 승리의 환희는 당연히 있을 수 없는 것이다. 지금 마라톤의 거의 결승점에 도달한 나 자신에게 진심으로 감사를 드린다.

인생 마라톤에서도 중도에서 힘겨울 때는 고개를 들어 정상을 바라보며 아름다운 내일을 생각해야 한다. 자신의 기쁨보다 주위 사람들과의 기쁨을 생각해 보면 무엇이든지 포기하거나 안주할 수만은 없는 것 아닌가? 성공하든 하지 않든 한 사람 한 사람이 존엄성을 가지고 있다. 성공을 열망하며 열심히 뛰는 사람은 틀림없이 성공하고 돌아올 것이나 그 완주의 길에는 힘들고 어려운 일이 당연히 많은 것 아닌가?

지금 누가 더 나은 결실을 얻는지, 중간지점, 반환점을 누가 맨 먼저 돌았느냐는 것은 마라톤에 있어 큰 의미가 없다. 인생 마라톤 역시 뛰는 과정과 결승의 기쁨과는 다르다. 대열의 이탈이나 흐트러짐이 없이 한결같아야 하는 것이 중요하다. 처음과 끝이 같아야 한다. 우리 인생에서도 성실하게 미래를 위해 가치 있는 투자를 많이 한 사람이 결국은 성공의 반열에 더 가깝게 다가갈 수 있다는 것이다.

26년 동안 많은 분과 함께 뛰어온 것이 자랑스럽다.

인내로 오른
정상

함께 뛰면서 남이 밉다고 발을 걸 수 없듯이 남을 시기하고 질투하면 자기만 한심스럽고 괴로워진다. 남이 미워질수록 무한하게 베풀어 보자. 밉다는 그것은 본인이 자기 자신을 용서하지 않기 때문이라고 한다.

용서는 본인부터가 밝아진다는 것이란다. 남을 미워하면서 잠자리에 들면 미워하는 그 미움 때문에 미워하는 본인은 괴로워하고 정작 미워하는 그 사람은 그것도 모르고 잠을 잘 자고 있다는 것이다. 사람에게 투자하는 희열 역시 직접 해본 사람만이 느낄 수 있다.

인내로 오른 정상에 서면 지나온 모든 고난이 잊히기 때문이다. 요즘은 평생직장은 물론 평생직업이란 말도 사라져 간다고 한다. 지금 다니는 회사에서 정년까지 평생을 다닐 수 있을 것으로 생각하는 직장인들이 얼마나 될까? 열심히 일한다고 평생직장이 보장될까? 경제위기, 기업이 위기에 닥쳤을 때 과연 구조조정의 늪에서 나만 빠져나올 수 있을까?

예전에는 많은 사람이 나는 아닐 것이라는 생각에 열심히 회사에 다녔다. 그런데 요즘에는 평생직장은 없다고 생각하는 사람들이 많다고 한다. 회사가 나의 인생을 보장해 주지 않는다는 사실을 너무 잘 알고 있기 때문이다.

　시대가 바뀌고 세대가 바뀌다 보면 새롭게 들어오는 신입 에이전트들의 활약으로 활동 영역이 줄어들고 기가 죽을 수도 있다. 사실 그들과의 경쟁에서 살아남기 위해서는 더 열심히 일해야 하고, 더 알고, 더 배워야 한다. 여러 가지 어려움 속에서도 꾸준히 자신의 영역을 지키며 26년을 같이 해 왔다는 것은 이 업종에 종사하는 사람들뿐만 아니라 지금의 세태에서는 천연기념물에 해당하는 듯하다. 변함없는 노력과 열정에 축하한다.

　이리저리 직장을 옮기는 사람들은 믿음이 부족하고 연속된 손님을 잃어버릴 수가 있다. 충성심의 결여일 수도 있지만, 전문 직업에서는 좋은 일이 아니다. 동종의 업종에서 옮기고 서로 왔다 갔다 하는 것도 좋은 일이 아니다. 일 잘하고 돈 많이 버는 것도 중요하지만 인성이 중요하다. 학교에서 공부도 중요하지만, 인성 또한 얼마나 중요한가.

　한 직장에서 못하면 어디 가도 잘할 수 없다는 것이 정설이다. 책임감과 주인 정신, 그리고 열정을 본받아 믿는 사회로 거듭나고 인성을 만드는 데 일조를 했으면 한다.

정년을 못 채우는데
정년이 필요 있나?

경제가 어려워지고 미래가 불안해진 기업들이 잇따라 인력 감원에 나서면서 2015년 세밑 샐러리맨들의 마음속은 꽁꽁 얼어붙은 시베리아 벌판이다. 국내 대기업들은 좋은 실적을 내놓고도 가까운 미래의 사업 전망이 불투명하다는 이유로 '저성과자'라는 낙인을 찍어 하나둘씩 근로자들을 내보내고 있지만 어떤 기업도 구조조정의 정확한 숫자는 공개하지 않고 있으므로 규모가 얼마나 될지는 헤아리기 어렵다.

기업으로서는 가장 손쉬운 경영정상화 방안으로 구조조정을 활용해 한숨을 돌릴 수 있지만, 처자식의 생계와 학비, 사교육비 부담까지 책임지고 있는 가장의 실직은 재앙이나 다름없다. 일각에선 기업의 생존을 위한 구조조정 과정에서 희망퇴직은 어쩔 수 없다고 주장하고, 다른 일각에선 경영상의 잘못을 근로자들이 책임지는 관행의 잘못을 지적하기도 한다.

조선·해양을 비롯해 최근에는 금융에 이르기까지 전방위로 구조조정에 나서고 있다. 요즘음 같은 취업 빙하기에 구조조정이란 말을 꺼내기가 매우 안타깝지만, 살기 위해서는 제 살을 도려내야 하는 고통을 감내해야 한다.

주력산업의 부진으로 수출이 둔화하는 가운데 미국의 금리 인상과 같은 악재가 겹치면서 경기가 얼어붙고 있다. 정부 여당은 현재의 경제적 위기 상황을 비상사태로 간주하고 노동 5법 등 경제 활성화 쟁점 법안을 임시국회에 직권상정할 것을 주장한 바 있다.

건전한 산업을 육성하기 위해서는 좀비기업이나 한계 기업 등에 대해서도 과감한 구조조정이 필요하다. 이들을 그대로 방치하면 시장을 교란하게 되고 결국은 견실한 기업에게까지 악영향을 미치기 때문이다. 이는 IMF 위기를 극복하는 과정에서 이미 경험한 바 있다.

기업의 구조조정은 아픔을 동반한다. 이는 마치 온전한 과실을 얻기 위해서는 가지치기가 필요한 것과 마찬가지이다. 가지가 뒤엉켜 있거나 과실이 너무 많이 달렸을 때 뿌리로부터 영양분이 제대로 전달되기 어렵다. 따라서 상품 가치가 있는 과실을 수확하기 위해서는 불필요한 가지와 열매는 솎아주어야 한다. 그래야 통풍도 잘되고 햇살을 골고루 받아 온전한 상품이 될 수 있다. 가지치기에서 가장 중요한 것은 시기와 정도이다.

지금의 이익에 어두워 서두르거나 게을러서도 안 되며 너무 지나치면 과실은커녕 나무가 고사할 수도 있다. 기업 또한 고육

지책으로 구조조정을 할 때도 절대로 무리하게 해서는 안 된다. 그럴 경우 많은 근로자와 노동조합의 반발을 사게 돼 불필요한 분쟁에 휘말릴 수 있으며 여론도 나빠져 결과적으로는 오히려 손해를 보게 된다. 따라서 구조조정을 할 때도 필요 최소한에 그쳐야 한다.

IMF 위기를 계기로 도입된 정리해고 법제에서도 구조조정에 따른 해고에 대해 상세하게 규정하고 있다. 현행 근로기준법에 따르면 기업이 경영 악화로 인해 구조조정을 하려면 긴박한 경영상의 필요성, 해고 회피 노력, 합리적이고 공정한 대상자의 선정, 근로자 측과 성실한 협의 등 4가지 요건을 모두 갖추어야만 가능하다. 이 중에 어느 하나라도 충족하지 못하면 부당해고로 간주한다. 이를 뒤집어 해석하면 현행법은 위의 4가지 요건만 갖추면 적법하게 해고할 수 있는 길을 열어 놓고 있는 셈이다.

하지만 실제로 기업이 경영상의 이유로 근로자를 해고하기란 그리 쉽지 않다. 기업은 우선 구조조정을 할 수밖에 없을 정도로 경영상태가 어렵다는 것을 입증해야 한다. 종전의 판례는 기업이 도산에 직면한 경우에만 필요성을 인정한 적도 있었다. 최근에는 다소 그 요건이 완화됐다고는 하지만, 여전히 기업 경영이 심각할 정도로 악화한 경우가 아니면 좀처럼 정당성이 인정되지 않는다. 이는 해고를 자유롭게 인정하고 있는 미국은 물론 해고를 엄격하게 규제하고 있는 유럽 국가보다도 더 강화된 요건이다. 유럽에서는 구조조정으로 인한 집단해고에 대해서는 경영상의 필요성을 묻지 않는 경향이 있다.

또한 우리나라에서는 기업이 정리해고를 시행하기 전에 배치 전환, 잔업 삭감, 신규 채용의 중지, 희망퇴직자의 모집 등 해고를 회피하기 위한 노력을 다하지 않으면 정당성이 인정되지 않는다. 판례 중에는 정리해고를 시행하기 전에 희망퇴직자를 모집하지 않았다는 이유로 부당한 해고로 본 사례도 있다. 그렇다 보니 희망퇴직자를 모은다는 구실 아래 사실상 퇴직을 강요하는 등 인권침해 사례도 종종 발생한다.

기업도 너무 눈앞의 이익에만 집착한 나머지 성급하게 구조조정을 하다 보면 장기적으로 오히려 독이 될 수 있음을 명심해야 한다. 가정에 한창 많은 돈이 들어갈 30대 후반, 40대, 50대 가장들이 새로운 일자리를 구할 확률은 극히 낮다는 점이 크다. 경제 사정이 좋지 않아 기업들이 너나없이 감원 대열에 동참하고 있어 애초에 일자리가 없고 그럴싸한 일자리를 찾았다 해도 젊은 사람들과의 경쟁에서 이기기도 어려운 게 현실이다. 앞길이 막막할 수밖에 없다.

D그룹의 경우처럼 어려운 입시 관문을 뚫고 일자리를 구한 청년들도 졸지에 당한 실직이 청천벽력이다. 새 직장에서 희망가를 써나가야 할 젊은이들은 또다시 일자리를 찾아 헤매야 하는 고통으로 내몰리고 있다.

장기불황에, 기술력에서는 독일과 미국, 일본을 따라잡지 못하고 한국의 턱밑까지 추격해 온 중국의 기세에 한국 산업계 전반의 활력이 눈에 띄게 낮아지고 있고 기업으로서도 허리띠를 졸라매는 방법 외에는 뾰족한 대안을 찾지 못해 최근 해를 거듭할수록 세밑 분위기는 뒤숭숭하다.

기업에서는 구조조정 외에는 대안이 없는 것처럼 이야기하지만 국내 대기업 가운데에도 조금 늦게 가더라도 상생을 택한 사례가 없지 않아 그들이 걸어온 '상생의 길'이 이 시점에서 새삼 주목을 받고 있다.

L 그룹의 반도체 웨이퍼(기판) 제조사의 경우 1997년 말 IMF 외환위기와 2009년, 2011년 잇따른 금융위기를 겪으면서도 20년 동안 단 한 차례도 인위적 감원을 하지 않았을 뿐 아니라 최근 회사가 적자를 낼 때도 감원만은 선택하지 않았다. 이 회사 경영진에서도 이른바 '자르면 된다'라는 식의 감원 유혹을 뿌리치기 어려웠지만 손쉬운 감원보다는 모두가 함께 생존할 수 있는 공생의 길을 택했다. 회사와 모든 근로자가 일자리를 나누고 급여가 깎이는 고통을 기꺼이 감수하기로 한 것이다.

"사업을 철수하다 보니 인력이 남을 수밖에 없지만, 인위적 구조조정은 그룹 이름에 걸맞지 않는다고 판단, 노사가 현 경영 상황을 터놓고 진지하게 대화했다"라고 회고한다.

여기서 나온 건 노사 간 상생 대타협. 첫째 기존의 3조 3교대 근무방식 → 4조 3교대 전환, 둘째 근무시간 25% 단축에 따른 임금삭감 감수. 바뀐 근무제를 시행하는 대신 전 직원 2,500명

가운데 단 한 명의 근로자도 해고하지 않았다. 시장 상황이 워낙 좋지 않아 회사의 위기는 올해까지도 계속됐고 회사실적도 마이너스로 돌아선 지 오래였다. 그러나 노사가 똘똘 뭉쳐 위기에 적극적으로 대처한 결과 회사 경영상태도 점차 정상을 되찾았다.

당시 서로 더욱 더 열심히 하자는 분위기였고 공정개선 등 원가절감 노력을 기울인 것은 물론이고 무엇보다 회사 현황에 대해서 직원들과 공유를 했다. 회사의 내부 분위기도 자신감에 차 있었다. 한 직원은 "회사는 저희를 잘라낸 적이 한 번도 없었습니다. 건전한 문화를 갖고 있고 사회적 책임에 충실한 회삽니다"라고 말했다.

"사람이 미래다"가 이제 이렇게 바뀐단다.
사람이 먼저다.
해고도 사람이 먼저다.
명퇴도 사람이 먼저다.

사람이 살아가는 데 제일 중요한 것은 인성, 인내, 성실이다. 그만큼 시대가 요구하는 조건은 매우 까다롭고 불편한 것들이 발생하기 마련이다. 부부간에도 살다 보면 기분 좋은 말, 가슴을 아프게 하는 말이 있다. 남의 마음에 눈물을 주는 말, 실망을 주는 말, 상처를 주는 말, 불신의 말, 절망의 말 등등 이런저런 이유로 이혼 한번 생각하지 않은 사람이 과연 몇 명이나 되겠는가?

회사 생활도 이와 같아 생각 같아서는 지금 당장 벽을 뚫고 뛰쳐나가 잠적하여 버리면 속이 시원할 수도 있다. 하지만 흔히들 IT 바닥은 좁다고 얘기한다. 인터넷에 보면 옮긴 직장이 좋고 새 출발 잘했다고 글은 쓰나 사실은 그와 반대일 수도 있다. 그러나 이미 엎질러진 일, 아무리 포장을 잘하려고 해도 결국은 무용지물이 되어버리기에, 하루하루 열심히 사는 게 정답일 것이다. 뭐 6명만 건너면 다 아는 사이가 되어버리기 때문이다.

아무튼 막상 사직서를 제출하려고 마음을 굳게 먹었다면 절차부터 인수인계, 마무리 인사, 평판 조회 관리까지 고려해야 할 게 한둘이 아니기 때문에 마무리 또한 중요한 요소가 되는 것이다. 퇴직 후 퇴직한 분들이 좋은 의미로도 거론이 되지만 나쁜 의미로도 많이 거론되는 것을 보았다. 동료들로부터 존경받은 선배라면 직장생활 중의 모습, 또한 퇴직 후의 생활의 모습은 한 번쯤은 고려해야 할 문제이기도 하다. 어차피 사람이 하는 일이니, 사람과의 관계를 원만히 마무리하는 것이 필요하다. 기분 나쁘게 나가는 것은 아니기에 다행이지만, 그러기에 일단 인수인계 자료를 확실히 하는 것이 필요하다.

확실한 인수인계는 나중에 전 회사 업무로 인한 문의 전화를 피할 수 있으며, 상급자들에게 깔끔한 인상을 남긴다. 더욱이 좁은 바닥(?)이라면 나중에 그 사람들을 다시 어딘가에서 볼 가능성이 있는 만큼 이러한 부분은 중요할 것이다. 혹은 공제 등

발급 서류들을 편히 발급받기 위해서라도 뭐든지 마무리는 깔끔해야 하고 중요한 법이다.

회사를 그만둘 때는 그에 걸맞은 예의가 필요하다. 떠나는 이유를 분명히 전달해야 한다. 직장 상황이 아무리 암울할지라도, 그곳에서 가졌던 만족스러운 경험을 떠올리는 시간을 가져보도록 하자. 친구와 동료들의 인맥을 포함하여 앞으로 장차, 경력을 쌓아가면서 당신의 인맥이 가장 소중한 재산이 될 것이기 때문에 감정적 요소를 최대한 배제해야 한다.

그래야만 앞으로 겪을 구직과 경력 계획 전략에 도움이 될 것이며 이메일이나 전화로 퇴직 사유를 밝혀서는 안 되는 것이다. 만약 연봉이 퇴사 결정의 주원인이었다면, 회사가 당신이 바라던 바를 제시하고 그 상황을 회사와 다시 한번 재고해 본다면 퇴직하는 것보다 훨씬 이득이 될 수 있다. 그러나 떠나는 이유가 회사 문화나 관리자, 동료의 성격이나 스타일이 싫어서라면, 그어떤 이유에서든 금전적 보상은 안 될 것이다.

만남,
인맥은 상당히 중요하다

우리는 살아가면서 많은 사람을 만나고 그 사람들과 관계하며 살아가게 된다. 인간은 근본적으로 어떤 단체나 모임에 들어가고 싶은 강한 욕구가 있다. 단체에서 배제되었을 때의 뇌 상태는 물리적 타격을 입었을 때와 똑같다는 연구 결과가 있듯이 그만큼 우리는 타인 없이는 살아갈 수 없는 존재가 아닐까 하는 생각도 들게 된다. 혹시라도 배신이나 상처를 받으면 바로 드는 생각이 '내가 아직 사람 보는 눈이 진짜 없구나.'이다.

그렇다면 어떤 사람들을 만나야 하는가가 정말 중요하고 어려운 질문이 아닐 수 없다. 우리는 보통 자기의 느낌으로, 경험으로, 소문에 의해, 특정한 정보를 접하며 그에 따라 타인을 정의하고 판단해 버리는 경향이 있다. 그러한 판단 자체가 어찌 보면 굉장히 위험할 수가 있다. 시작도 하지 않은 관계를 차단하는 가림막이 될 수도 있고 오해가 오해를 낳을 수도 있으며 타인에 대한 내 생각, 어떤 가능성이나 감정까지도 버려야 하는 악순환으로 연결될 수가 있다. 오직 벌어진 사실에만 반응해야지 아직 나타나지도 않은 사실에 관해서 얘기하거나 추정을 하면 안 되는 것이다.

하루하루 필자는 상념을 하면서 써 내려간다. 오늘은 무슨 얘기를 할까? 오늘은 어떤 생각이 많을까? 그러면서 채워지는 공간이다. 베스트셀러 작가는 아니더라도 필자가 들려드리는 얘기가 여러분의 삶에 조금이나마 도움이 되기를 바라는 마음에 한 줄 한 줄 채우련다.

"자신이 자랑스럽다고 여길 수 없는 것을 만들고 있다면, 그것은 가치가 없는 일이다. 인생은 짧다. 매일매일 웃으며 재미를 느끼고 있지 않다면, 잘못된 곳에서 일하고 있다."

남들이 쉬사리 알아주지 않는 일에 열정을 불사르고 있을 그들을 항상 바라보며 눈물을 흘리곤 한다. 무엇 때문에 이곳에

왔고 무엇 때문에 스스로 포기했던 공부를 다시금 준비하고 무엇 때문에 다시 재도전하려는 것인가 점점 그 의문을 하나씩 풀어 간다. 나의 이야깃거리가 아니라 자신만의 사연으로 만들어 갈 수 있도록 함께 달려갔으면 좋겠다. 필자 역시 한편으로 비겁하기도 하고, 용기도 없는 사람이었으나 자신의 생각을 강하게 주장한다든가 다른 사람에게 자신의 뜻을 관철하려 노력했던 적도 있었다.

그러나 그런 과정 하나 없이 지난 몇 년을 살아온 이들도 있을 것이다. 아마 사람은 쉽게 변하는 존재가 아니구나 생각한 이들도 있으리라 생각한다. 고로 남은 내 평생 역시 이와 비슷하게 살아가지 않을까? 조금 더 노력하여 생각보다 나의 운이 좋다면, 이런 나의 특성에도 불구하고 지금보다는 좋은 사람으로 살 수도 있을 것이다.

오늘날 정보보안이 급성장했다고 볼 수 있지만 솔루션이 발전한 거지 보안은 발전한 것이 없다. 우리는 앉아서 편하게 정보를 수집할 수 있고 전화 한 통화, 인터넷 검색을 통해 원하는 것을 얻을 수 있다. 그러나 보안 교육을 포함하여 교류의 장은 더욱 활발하게 이루어지는 것이 바람직하다. 보안업무에 종사하는 사람들에게는 그만큼 더 깊은 경험의 축적과 실무적 발전을 기해야 하는 의무가 있다. 인맥은 상당히 중요하다.

그렇다면 인맥이 좋다는 것은 무엇일까? 아는 사람이 많다고 인맥이 좋은 걸까? 흔히 인맥이 좋은 사람이라고 하면 휴대전화에 번호가 많이 저장되어 있거나 가입한 협회나 단체가 많아 행사에 빠짐없이 참석하는 사람들, 혹은 길거리를 가다가 자주 우연히 지인을 만나게 되어 인사를 나누는 사람들을 떠올리기 쉽다. 하지만 이렇게 단순히 양적인 개념으로 접근한다면 잘못된 것이다.

우리는 흔히 아는 사람만 많으면 무작정 인맥이 좋다고 생각하는 경향이 있다. 이는 잘못된 표현이다. 아는 사람이 많다는 것은 사교성이 좋다고 해석할 수 있어도 인맥이 좋다고 볼 수는 없다. 인맥은 양적인 개념이 아니라 질과 진정성의 문제이기 때문이다. 전화번호부에 천 명, 만 명이 있어도 정작 내가 힘들 때 연락이 되지 않는다면, 인맥이 없는 것이나 마찬가지다. 즉 정리하자면, 내가 어려울 때 기꺼이 도와줄 수 있는 사람을 많이 알고 있어야 인맥을 잘 쌓았다고 할 수 있다는 것이다.

그렇다면 어떤 사람들이 나를 도와줄까? 한번 바꿔서 생각해 보자. 여러분 주위에 특별히 도와주고 싶은 사람들이 있는가? 그러한 사람들은 각자 직업, 성별, 성격, 친밀도 모두 다 달라도 한 가지 공통점이 있지 않은가? 호감과 신뢰를 가진 사람이라는 공통점 말이다. 그렇다면 마찬가지로 내가 필요로 할 때 나를 도와줄 사람도 나를 좋아하고 나에게 믿음을 가진 사람이다. 따라서 좋은 인맥을 위해서는 먼저 사람들에게 호감과 신뢰를 쌓아야 한다.

　사람을 얻는다는 것이 절대 쉽지는 않다. 하지만 그렇다고 전혀 방법이 없는 것은 아니다. 다소 원론적인 말이라 실망할 수도 있겠지만 기본을 지켜나간다면 지금보다는 훨씬 인맥이 좋아지리라 확신한다.

　심리학자들은 말한다. 받은 사람은 자연스럽게 주려는 마음이 생긴다고 말이다. 따라서 내가 상대방에게 '호감과 신뢰'를 받고 싶다면 먼저 주는 사람이 되어야 한다. 이를 위해서는 표현을 하는 것이 중요할 것이다. 그냥 마음속으로 '난 당신에게 호감과 신뢰를 주고 있다'라고 되뇌고만 계셔서는 안 되는 것이다.

　특히 초기에 사람의 마음을 얻기 위해서는 감정적인 접근이 필요하다. 관심, 배려, 감사의 표현을 하는 것은 관계의 유지를 위해 실질적인 도움을 주게 된다. 사업가들을 대상으로 한 설문조사 결과, '지식이나 정보가 많은 사람', '사업상 도움이 되는 사람', '필요한 사람을 소개해 주는 사람'을 나에게 도움이 되는 사람으로 꼽았다고 한다. 여기서 거창한 도움만이 사람의 마음을 얻는 것은 아니다. 결국 중요한 것은 '표현'이다.

좋은 인맥을 쌓고 싶지 않은 사람은 없을 것이다. 진짜 인맥이 좋은 사람이 되고 싶다면 먼저 감정적으로나 실질적으로 상대방에게 다가서 보자. 그러다 보면 상대도 어느새 나에게 도움을 주는 인맥이 돼 있을 것이다. 인맥은 양이 아니라 질이라는 사실을 기억하라.

'세상은 우리가 생각하는 것보다 나쁘지 않고, 매우 느리게 진보하고 있으며, 그 순간순간 늘 나 자신은 어떻게 살아야 하는가?' 그런 생각을 문득 해보았다. 매우 기초적인 욕구와 획일적인 가치에 매몰되어 살아온 우리 아닌가? 아마 앞으로도 그런 내가 변화할 가능성은 크지 않을지도 모른다. 누군가가 바라보면 때로는 다수의 사람이 '원하고' 그래서 다수가 포함된 집단에 속해 있는지도 모른다.

그러나 '소수'라는 수와 비교해 사실 '다수'임에도 소수로 살아와야만 했던 어떤 사람들이 원하는 어떤 것을 얻게 되고, 그 '소수'의 사람과 그것에 포함되지 않은 사람들이 의견을 일치시켜 나가는 것. 그 과정을 보는 것은 내가 변화되지 않더라도, 변화하는 세상에 그대로인 나를 내몰게 되는 또 다른 변화의 순간일 것이다. 또한 결국 우리는 모두 '나'라는 극소수의 집단에 속해 있기에 언젠가 이 흐름이 모든 인간이 서로 다르다는 점을 인정하는 어떤 커다란 이상에 가까운 세계로 나아가는 아주 작은 한 걸음이 될 것이다.

'소수'이지만 다른 누구라도 행복했으면 좋겠다. 부지런히 몸을 놀리고 땀을 흘려 돈을 버는 일은 생각보다 많지 않다. 실제 가치보다 과대 포장된 급여를 받는 편인 기술직 노동자에 해당하는 우리보다 현실적으로 어려운 환경하에서 그런 일에 종사하는 분들을 뵈면 부끄러울 때가 있다. 그렇다.

저자가 존경하는 이들은 종일 열심히 몸을 움직이고 자신이 가진 기술과 노력만큼 정직하게 돈을 버는 사람이기 때문이다. 자신의 노동으로 가족을 부양하는 이들은 필자가 생각하기에 가장 이상적인 근로자에 가깝다. 종일 일터에 있던 여러분이 작업의 흔적이 묻어 있는 옷과 먼지, 손을 볼 때마다 생각한다.

세상에는 경계해야 할 사람들이 있다.

- 사리사욕이 많은 사람
- 자기가 똑똑한 줄 아는 사람 (모두가 똑똑하다고 하는 사람이라 해도)
- 주장이 강한 사람
- 해결책만을 찾는 사람
- 법, 규정, 규칙을 엄격히 따지는 사람
- 개인보다 단체가 중요한 사람

- 편 가르고 구분하는 사람

- 융통성 없는 사람

- 목소리 큰 사람

- 멍청한 사람

- 고집 센 사람

- 나서는 사람

- 한 가지에 매달리는 사람

- 눈치 심하게 보는 사람

- 선호와 구분이 강한 사람

이렇게 나열하고 보니 전부 경계 대상자가 되는 것 싶기도 하다. 그러나 결론을 내려 하고 해결책을 찾으려 하고 선호가 아주 뚜렷한 사람들은 얼핏 보면 "오! 저 사람 뭔가 있다."라고 생각할 수도 있으나 그 생각은 잘못된 것이다. 그것은 타인에게 자기를 주입하려고 하는 것이다. 어떤 분야에 대해 잘 모르면서 자기주장을 굽힐 줄 모르는 사람의 '굳게 믿는 마음' 또는 '변하지 않은 굳은 생각'이 세상을 바꿔 버리게 되는 것이다.

아래 질문 중 제일 무서운 사람은 어떤 사람일까?

1. 잘 모르고 무식한 사람 (자신이 잘못된 생각을 하는지 객관적으로 돌아보지 못하는 사람)

2. 신념을 가진 사람 (정말 성심껏 열심히 사는 사람)

3. 잘 모르고 무식하면서 이상한 신념을 가진 사람 (잘못된 생각
   을 가지고 정말 성심껏 열심히 사는 사람)

이 가운데 무식하면서 몸이 바쁜 유형은 주변 사람들로부터 민폐를 끼치게 되는 것이다. 본인이 그것을 깨닫게 되면 세상 사람들을 모두 죄인으로 몰아가기도 한다.

지식이 많지 않고 현명하지 못하더라도 올바른 가치관만 있다면 자신의 방향성은 찾을 수 있는데 말이다. 하지만 자신이 잘못된 생각을 하는지 객관적으로 돌아보지 못하는 사람이 이상한 신념을 맹신하게 된다면 주변인들까지 위험에 빠뜨리게 되는 것이다. 주변인들에게 자신의 말을 믿으라며 강요하기도 하고 자신의 말을 받아들이지 않는 사람을 무시하고 공격까지 하는 예도 있다.

물론 우리가 사는 세상에 답이란 것은 없지만 같이 사는 세상에는 바뀌지 않는 원칙들이 있는데 이것들을 잘못된 신념으로 극복해 버린 자가 내 가족이라던가 친한 친구라면 멀리할 수도 없고 참 속을 썩이는 경우가 다반사이다. 그렇다고 해서 스스로 깨달을 때까지 방치할 수도 없고 방향을 잡아주려고 하면 반기를 드니 정말 무서운 존재가 되어버리기도 한다. 무섭다.

이제 후회하지 않는
인생을 살고 싶어요

어느 순간 기쁨을 맞이하게 되면 그 이전의 노고를 생각하지 않을 수 없다.

'넌 절대 못 할 것이라는 말 귀담아듣지 마. 꿈이 있으면 지켜야 해.'

'우리가 인생에서 할 수 있는 가장 작은 일은 자신의 희망을 찾는 것이고, 가장 위대한 일은 그 희망 속에 사는 것이다.'

나 역시 사랑하는 아들과 딸, 사랑하는 아내가 있는 한 가정을 이끌어 가고 있는 가장이다. ICT 분야에서 26년간 일하다, 2016년 1월 희망 퇴직서를 제출했다. 그 후 중소기업을 전전하며 매일 매일 업체를 찾아 이리저리 돌아다녔다. 당시 내가 다니던 중소기업 회사들은 5명~10명 미만의 직원들이 있어 대기업 근무 시절과 비교하면 근무환경, 복지, 여러 가지 여건과 상황 면에서 경쟁력도 없었기에 여간 쉽지 않았다.

그로 인해 당연히 수입이 적을 수밖에 없었고 그래서 사회복지사 2급 자격증(명예퇴직 후 노년을 위해 사회복지사, 근로 지원인, 장애인활동 지원사 자격 취득)을 취득하여 2020년부터 노인 맞춤 돌봄서비스 생활 지원사로 활동하고, 오후 3시부터는 배달의민족 배달원으로 음식 배달을 해왔으나 그만 2020년 2월 28일 13시 운명의 장난 같은 교통사고를 당하고 말았다.

이 일로 다니던 직장도 퇴직해야 할 만큼 건강도 좋지 못하고 또한 5년 전 대여해 줬던 사업자금도 원금, 이자조차도 회수되지 못한 채 코로나19 때문에 대출 조기상환으로 금융권으로부터 아파트 가압류를 당하는 것은 물론, 신용불량자가 되어 살고 있던 집의 월세는 물론, 보험, 세금까지 내지 못했고 하나밖에 없던 자동차마저 매각하는 사태에 이르게 되었다. 2019년 12월 ~2020년 1월에는 요양보호사 자격증도 취득하려고 교육 및 현장실습도 마쳤으나 교통사고 이후 여러 가지 어려움으로 힘들게 지내고 있다.

이러한 상황을 아내와 자식들은 더는 견딜 수 없어 이혼을 요구하고 상황은 더욱 악화하여 살던 집에서까지 쫓겨나게 되었다. 그로부터 6개월 지난 후, 경기도 용인시 처인구 모현면에 소재한 편의점 앞에서 음료를 마시던 중, 구토와 당뇨로 인한 급격한 혈당저하로 119를 통해 중환자실로 옮겨지는 경험을 하기도 했다.

11일 만의 퇴원. 똑똑한 인재들과 같은 상황에서도 살아남기가 힘들 것인데, 더구나 돈도 없고 집도 없어 노숙 시설과 지하철 등을 전전긍긍하며 버텨나가야 할 것인데, 과연 이러한 극한의 어려움 속에서 '소원지기'는 행복해지기 위한 이러한 '거대한 산' 들을 극복할 수 있을 것인가?

부모님은 공사장 미장일을 하는 막노동을 하면서 6남매를 키워오셨다. 항상 미래에 확신이 없다고 어머니가 말했다. 어머니는 더욱 열심히 노력하라고 격려했지만, 나의 귀에는 그 말이 들어오지 않았다.

"지금 당장은 못 하겠어요. 어쩌면 다음에요."

"모든 사람에게 다음이라는 기회가 오는 건 아니란다."

정신이 번쩍 들었다. 그 말에 현실을 깨닫고 계획을 세웠다. '지금 열심히 노력해야 한다. 기다리면 안 된다. 게으름을 피우고 빈둥거리기나 하면서 뛰어난 사람이 될 생각을 한다는 것은 어리석은 일이다. 열심히 노력하면 마땅히 대가를 받는다' 이런 식으로 생각하고 나니 만사가 쉬웠다.

쉽게 "다음에"라고 말하지 말자. 다음이라는 기회가 영원히

오지 않을 수도 있으니까. 나는 일을 하면서 잘 안 풀릴 때는 짜증 섞인 소리로 다음과 같이 잘라 말하곤 했다.

"남의 일이라고 그렇게 말하면 곤란하다. 내가 힘 안 들이고 잘하는 것 같지만 매일 시스템 장애와 판파단板破斷과 싸우고 있다. 판파단이란 냉간 압연 및 소 둔 과정에서 소재 결함이나 설비 이상, 운전자의 실수 등으로 인해 코일이 끊어지는 현상을 말한다. 판파단이 발생하면 생산설비가 멈추고 설비가 손상되어 생산성이 떨어진다. 그뿐만 아니라 수작업으로 파단 코일을 제거하는 과정에서 안전사고가 발생할 가능성이 있다.

나는 철강공장에서 오늘날처럼 외주업체가 없었던 시절, 그리고 장애가 하루에도 몇 번 발생했던 시절 비용을 아끼려 오직 H/W 업체와 계약을 해서 엄청 어려움이 많았다. 남들은 정기 휴가는 물론 매주 공휴일에도 쉬고 있지만 나는 매일 아침, 저녁, 퇴근 후 휴일도 반납한 채, 현장에 비상 출동하여 원인 모를 장애 조치를 해왔다. 딱히 연락할 업체도 없거니와 계약이 되어 있지 않은 곳과 협력하기란 정말 힘이 들었고 결국 조치가 빨리 이루어지지 않으면 그 화살은 나에게 닥치곤 했다.

때로는 외로운 구석에서 식사도 제대로 못 하고 능력이 그것밖에 안 되어 눈물로 시간을 보내야 할 때도 있었다. 잠도 제대로 못 자고 얼굴은 현장의 윤활유와 찌꺼기들로 인해 검은 색채를 띠기도 했다. 때로는 식사 시간을 놓쳐 물로 허기를 채운 적도 여러 번, 손에는 물집이 생기고 그 물집이 터져 피가 흘러나왔다. 그러면 화장실에 가서 피를 닦고, 또다시 현장에 돌아와서 장애 조치를 해야 하는 업무를 되풀이한다.

나의 업무가 아니라 인생의 어느 분야라도 지속적인 노력이 성공을 만든다는 것은 불변의 진리이다. 그런데도 대다수 사람은 노력하는 과정은 생각하지 않고 결과, 즉, 영광이란 결과만 부러워하곤 한다.

성공이란 노력 곱하기 시간이라는 사실을 명심해야 한다. 세상에 공짜는 없는 법이다. 가슴이 시키는 일, 좋아하는 일, 평생 즐겁게 할 수 있는 일을 가장 젊을 때, 가장 맑을 때, 가장 힘 있을 때 힘껏 찾고 발견하고 실천하되 지속해서 행하는 것, 이보다 더 아름다운 게 어디 있으랴. 내가 요즘 책을 읽으면서 배우고 느끼는 바가 많은데 나부터, 작은 것부터, 지금부터 행하는 것이 제일 중요하고 하되 지속하여야 하고, 지속하되 집중하여야 효과가 큼에 공감한다.

코로나19가 확산된 이후 자가 격리 생활이 길어지면서 자기 계발 붐이 일고 있다. 우리는 팬데믹으로 단 한 달 뒤의 삶도 예측할 수 없는 시간을 살고 있다. 누구 하나 예외 없이 변화를 받아들이고 유연하게 적응해야만 하는 어려운 시기이다. 코로나 시대의 책 읽기가 더욱 중요하다. 삼삼오오 모여 서로의 지혜와 기술을 나눌 수 없다면 책을 통해서라도 찾아야 한다. 새로운 세상에 적응하고 살아남기 위해 준비해야 할 것들은 무엇인지 배우고, 읽고, 쓰기를 멈추어서는 안 된다.

좋은 습관을 만들고, 목표를 이루어 가는 다양한 기법들도 책을 통해 배울 수 있다. 무엇보다 책을 통해 얻을 수 있는 가장 큰 수확은 '내 식대로 생각하고 살아가는 방법'을 깨닫는 것이다. 책을 통해 얻은 사색의 기술과 나만의 창의력과 사고력을 더하면 세상을 살아가는 데 필요한 나만의 엄청난 무기를 갖출 수 있다고 본다.

"지식은 함께 나눌 때 비로소 빛을 발한다는 사실을 깨닫고 있다."

청소년들이 자유로운 상상력을 바탕으로 꿈꾸고, 질문하고, 스스로 기획하는 최고의 꿈 배움 현장이 필요하다. 요즈음 책 읽는 양도 점점 늘어가는 것 같고, 그만큼 좋은 책들도 많이 나오고 있는 것 같다. 코로나19가 장기화하면서 비대면이 일상화되고 있다.

하지만 집에 있는 시간이 길어지면서 우울감이 생기는 사람들도 증가하고 있다. 이처럼 사회적 거리두기로 사람들 사이에 만남이 많이 줄었다. 그로 인해 사람들은 단절감과 함께 상실감을 느끼게 되었다. 심각한 것은 얼굴도 보지 않고 대화도 나눠보지 않는 집에만 있는 생활이 된 가정들도 있다고 한다.

어제 몇 권의 증정받은 도서를 보니 한결같이 암 환자의 투병, 사랑하는 사람을 떠나보내는 등 일상에서의 시련과 고통의 책들이다. 우리는 두통, 치통, 생리통 등 통증이 있을 때 진통제를 먹는다. 혹시 마음이 아플 때도 진통제로 가라앉힐 수 있을까? '진통제'로 치료될까? 모난 마음도 내 마음이다. 돌보지 않았던 내 마음에 관심을 가지면 달라지는 것들이 있다. 마음의 상처를 치료할 수 있는 '시간이 약'인 것이다.

사람의 외모가 잘나서가 아니다. 그 사람이 가지고 있는 인품이나 지식이 좋아서도 아니다. 그 사람의 마음 됨됨이와 고운 마음이 예뻐서 아름다운 것이다. 사람의 눈이 아름다운 것은 눈이 크고 쌍꺼풀이 잘생기고 섀도를 잘 칠하고 마스카라로 치장을 해서가 아니라, 언제나 상대의 아픔도 슬픔도 고통도 기쁨도 바라볼 줄 아는 아름다움을 보기 때문이다.

사람의 입이 예쁜 것은 그 사람의 입술 라인이 고와서도 립스틱을 곱게 발라서도 아니다. 좋은 말과 고운 말, 언제나 상대를 배려하고 걱정하며 아끼는 말을 해서 예쁜 것이다.

우리는 너무 외형적인 것에만 치우쳐 살지는 않는지? 적당히 포장된 외모의 위선보다는 마음속에 잘 포장된 고운 내면을 볼 줄 아는 사람. 그것이 정녕 아름답고 소중한 자신만의 아름다움이고 내 마음의 보석이 아닐까?

마음도 방역이 필요하니깐 아프고 쓰린 내 마음으로 감정이

입을 해야 할 듯싶다. 지친 마음을 보듬어 줄 수 있는 시간이 될 듯하다. 안 좋은 상황에 직면했을 때야말로 실은 감사할 수 있는 절호의 기회다. 그러한 가혹한 환경과 힘든 상황이 조직력을 다지고 직원들의 성공에 대한 의지를 되새겨주기 때문이다. 그러니 한탄하고 원망하며 넋두리를 내뱉는 대신에 오히려 "고맙다."고 말해보자. 직원들도 덩달아 모든 상황을 긍정적으로 받아들여 감사한 마음과 산뜻한 기분으로 앞을 향해 걸어 나갈 것이다.

"재난을 만났을 때는 기뻐하라. 그것 참 잘된 일이다. 재난이 닥쳐올 때는 과거의 업이 사라지는 때이다."(이나모리 가즈오, 『왜 리더인가』에서)

'이 정도의 곤란으로 과거의 업이 없어졌으니 참으로 다행이야'라고 여기며 감사한 마음으로 새롭게 내디디면 된다. 이는 인생이라는 만만치 않은 여정을 지혜롭게 살아낼 수 있는 가장 단순한 지혜다. "Smart하다"라는 생각들을 많이 하는데 진정한 Smart는 모든 것을 그렇게 생각하고 판단하고 실행에 옮기는 것이 아닐까?

옛말에 '친구 따라 강남 간다'라는 말이 있다. 요즘 들어 많이 느낀다, 때로는 살아오면서 너무 좁게만 살아왔던 것 같은 느낌도 들고 새로운 친구들과 교제하면서 그 친구들이 어떻게 지내고 살아왔는지 무엇을 꿈꾸는지 이런 것들을 들으면 새로운 경험인 것 같고 아무튼 많은 사람들이 자의든 타의든 협조해 주어 고맙기도 했다. 또한 습관은 매우 중요한 것 같다.

"생각이 바뀌면 행동이 바뀌고,
행동이 바뀌면 습관이 바뀌고,
습관이 바뀌면 인격이 바뀌고,
인격이 바뀌면 운명까지도 바뀐다"
라고 습관의 중요성을 설파하고 있다.

습관은 본디 타고나는 것이 아니라 길드는 것이다. 그리고 어떤 습관을 길들이는가에 따라 우리들의 운명은 제각각 달라진다. 오늘 윌리엄 제임스의 명언을 되새기며, 그동안 길들여 놓은 수많은 습관을 살펴보아야겠다. 결국 제 삶에 무거운 짐이 되는 습관, 내 삶을 실패로 끌어 내리고 있는 습관들은 없는지 살펴보고, 그리하여 좋지 못한 습관들이 발견된다면, 바로 오늘부터 좋은 습관으로 바꿀 수 있도록 최선을 다해야겠다.

월급쟁이는 "수틀리면 다른 데 가서 벌면 되지"라고 생각하겠지만 CEO는 그것이 아니다. 가지고 있는 Risk는 빨리 제거해 나가는 노력이 필요하다. 그때 가서 아는 것과 미리 알아 대처하는 것은 다르다. 이는 자기 스스로 만들어가야 한다. 앞으로의 필자의 미래가 또 여러분의 미래가 또 거기에 달린 까닭이다.

좋은 것을 혼자만 알고 있는 것보다 같은 고민과 기쁨이 있다면 함께하자. 누군가 그랬다. "비정상에서 정상으로" 우린 동격으로 가야 한다고. 누군가에게 도움이 되고 활력소가 되는 것이 중요하다고 생각한다.

더 나은
내일을 위하여

Go의 법칙을 아는가?

어른이나 어린이나 살다 보면 자기 맘대로 안 될 때가 많다. 사실 세상 모든 일이 내 맘대로 척척 다 된다면 마음을 달래고 다스릴 필요도 없다. 하지만 실제로 우리 인생은 그렇지 못한 만큼 중요한 것은 삶의 뿌리를 튼튼하게 하여 좌절이나 실패했을 때 다시 일어날 수 있는 용기가 되는 것이다. 세상 살면서 열심히 했지만 잘 안될 수도 있다는 사실을 깨우칠 나이가 우리들의 나이다.

이러한 순간은 빠르게 찾아올 수도 늦게 찾아올 수도 있다. 세상일이라는 것이 가능성의 게임일 뿐 열심히 한다고 해서 반드시 잘된다는 보장이 없다는 사실도 자신과 타인의 경험을 통해서 이해해야 한다.

필자가 전투경찰로 치안본부에 근무하고 있을 때 강민창 치안본부장께서 "너 한번 경찰에 입문할 생각 없느냐? 그냥 시험만 보면 돼"라는 말과 함께 추천서를 주신 적이 있었으나 나는 거절했다. 필자의 꿈은 '공장장'이었는데 관련된 모든 것을 다 포기해야 가능한 일이었기 때문이다. 물론 이후 공장에 취업이 된 후에도 너무나 급하게 취업이 되어 회사에 배낭 하나 짊어지고 내려가서 확실히 뭔가 해보자는 마음이 있었지만 여러 가지 가로막는 장벽들이 한둘이 아니었다.

많은 어려움 속에서도 필자는 항상 "왜?"라는 질문을 내려놓지 않았다. 한때는 필자가 가지고 있는 상식과 세상이 너무도 다르기에 크게 흔들리면서도 필자 또한 보안업무를 하면서 타협하지 않으려고 몸부림치고 흔들리지 않으려 무척 애를 쓰곤 하였다.

흔히들 '법과 원칙이 중요하다'는 말을 한다. 그런데 현실에서는 항상 예외인 경우가 발생한다. 한 분야에 있어 ○○카르텔이 만연하여 썩어 문드러진다면 어느 분야건 시민의 혈세, 국민의 세금이 고스란히 녹아 아무리 애써 하더라도 아무 보람이 없는 밑 빠진 독에 물 붓기 식이 되어 버릴 것이다.

이러한 부분에 있어서는 시민의 적극적인 제보가 필요하다. 검·경찰, 국회, 특검에 맡겨봤자 거기서 거기이다. 법관, 검사 출신 변호사, 정치인, 공직자, 기업인, 언론인, 소위 말하는 지식인 등 서로가 끈끈한 관계에 있는 권력의 정점인 그들을 처단하지 않고서는 한 발짝도 못 나갈 것이다.

부패한 정치인, 법관, 검찰, 경찰, 언론, 지식인들이 검은 세력에 매수되어 목숨을 걸고 보호해 주고 있는 이 상황. 우리 국민이, 재외 교포들이 부끄러워 얼굴을 못 들 지경으로 비웃음에 분통이 터지는 이 추악한 패거리 집단들을 척결하지 않으면 혹독한 불행을 겪을 것이다.

우리는 모두가 행복한 세상을 꿈꾼다. 행복이 머무는 곳에서 함께 행복을 만들어나가야 한다. 마음이 더해지면 세상은 더 따뜻해진다. 모두가 행복해지기 위해 꼭 필요한 것은 적당한 긴장이다. 알고도 정의하지 않음은 德을 익히지 않았기 때문이며, 어떠한 회유와 위협이 있어도 절대로 포기하지 않아야 한다. 다음 세대에 물려줄 것은 오직 재산도 명예도 아닌 어떠한 어려움과 시련이 있더라도 남에게 손을 내밀어 영혼을 팔지 말고 열심히 노력하는 생존법이 되어야 할 것이다.

살면서 법과 원칙에 어긋나는 것을 목격하면 스스로는 정직과 신의에 맞게 살려고 몸부림치지만, 그때마다 힘에 부딪히게 되고 갖은 협박과 회유에 시달리게 되곤 한다. 그러던 어느 날 필자 또한 모든 것을 포기하고 싶은 마음이 생겼다. 두 번의 자살을 결심하였고 끝내 응급실에 실려 며칠 만에 깨어나게 되었다.
필자에게 이런 영향을 끼친 그들 모두를 법정에 세우고 싶었지만, 장벽에 부딪히게 되는 게 대부분이다. 그럴 만한 힘도 능력도 저에겐 주어지지 않았기에 원점에서 자신을 합리화시키고 아무 일도 없었던 것처럼 제자리로 돌아가곤 한다. 그때 일을

겪으면서 붙은 별명이 '최 형사'이다.

나는 꿈을 이루었다. 20년간 산업현장 최일선에서 공장 자동제어 시스템을 구축, 운영했다면 공장장이나 다름없는 것 아닌가? 비록 공장장이라는 타이틀을 가진 건 아니지만 공장장 그 이상의 가치 아닌가?

이제는 내 주변을 더 이해하려는 마음으로 바라보려고 한다. 또한 본인의 작은 성취에 대해 우쭐거리지 않고 살아가는 한편, 누구든 열심히 하여도 원하는 대로 풀리지 않을 수도 있다는 사실을 받아들이는 것이 중요하다고 생각한다. 그 삶의 중심에는 겸손과 낮은 마음이라는 두 단어가 자리를 잡게 될 것이다.

또한 몇 번 커뮤니티를 운영하려고 할 때 조직으로부터 간섭을 받은 적 있다. 그때마다 하고 싶은 것들을 잠시 내려놨지만 포기하지 않고 여러 사람을 만나고, 나름대로 배우고 깨닫고 그런 삶을 다시 살아가게 되었다. 이제는 다시 남을 위해 내가 가진 모든 것을 나누고자 이 자리에 있는 것이다.

지금 필자 곁에 힘든 누군가가 있다면 그때의 저 자신처럼 위로하고 싶다. 여러분 스스로 업무를 하시다가 어떤 시련이나 상황에서 앞이 가로막혀 있더라도 포기하지 말고 우회를 하더라도 전진하라고. 포기한다던가 좌절하면 거기서 멈춰버리고 마는 것이다.

안되면 되게 하 Go 막히면 돌아가 Go 숨 막히면 숨을 쉬면 돼 Go 아프면 치료하면 돼 Go.

"살다 보면 잘 안 될 때도 있다. 그러나 포기하지 말고 Go! Go Go~!"

Chapter 4

인생 3모작 만들기
준비하고 있습니다

카드 돌려막기에서
사람 돌보는 사람으로

"광○아. 만나서 얘기해야 하는데 얼굴 마주 본다고 달라질 것이 없기에 엄마는 광○이한테 얘기하지 말라 했지만 적은 돈도 아니고 엄마가 힘들어하는 것 더는 내버려 둘 수 없고 또 한 번의 시련이 될 수 있기에 광○이가 아버지를 대신해 가장이고 이 무거운 얘기를 전달해야 하는 나의 처지도 헤아려주기를 바라는 마음이야. 그냥 숨긴다고 해결될 사안은 아니잖니.

사실 나도 금융권에서 대출 1년이었는데 퇴직하면 전액 상환하는 기한이익상실 통보서가 왔고 재직 중이라면 서서히 받으면 되지만 엄마 가게 한다고 대출받은 75,000,000원 퇴직 통보가 되어 은행으로부터 3/5까지 전액 상환하라는 통지서가 왔어. 엄마한테 얘기했는데 가게도 안되고 지인들도 어려워서 차용을 못 하나 봐. 힘들겠지만 네가 직장인 대출이라도 받아서 되는 데까지 해결해 줬으면 해.

엄마가 뾰족한 대안이 없는 것 같아. 나도 가진 돈이 없고 더구나 퇴직하니 직장소득도 없으니 대출도 안 되고 가족이니 어찌 해결해줘야지. 안 그러면 나도 신용불량에다가 압류 들어올 것 같아. 나도 해볼 수 있는 마지막 방법으로 개인연금 오늘 해약하니 대금이 10,000,000원 정도밖에 안 되고 퇴직금도 중간 정산 예전에 받아 얼마 안 되기에 우리 사주, 대출금, 차량 등으로 다 소진되었어. 이런 얘기하는 내 심정도 이해해 줘."(사업대출금 빌려준 동창 자녀에게 보낸 카톡 문자)

인생은 청춘에서 시작하고, 한 해는 정월에서 비롯하며, 하루는 새벽으로 출발한다고 한다. 한 길 담장을 못 넘는 사람이 백척 태산에 올라갈 수 있는 것은 계획을 잘 세워 한 걸음 한 걸음씩 오르는 지혜가 있기 때문이다.

'시작이 반이다.'라는 말이 있다. 시작을 잘하면 반 이상 이룬 것과 마찬가지라는 뜻으로 시작의 중요성을 나타내는 말이다. '첫 단추를 잘 끼워야 한다'라는 말도 올바른 출발, 지혜로운 출발의 중요성을 나타내는 말이다.

백두산 천지의 물이 동쪽으로 가면 동해의 바닷물이 되지만 서쪽으로 가면 서해의 바닷물이 된다. 생활의 시작도 마찬가지이다. 올바른 시작은 행복의 바다로 갈 수 있지만 잘못된 시작은 불행의 절벽으로 떨어지고 만다.

주변을 살펴보면 인생의 분명한 목표가 없는 사람이 의외로 많다는 데에 놀라지 않을 수 없다. "어떻게 되겠지!" "살다 보면 좋은 날이 오겠지!"라고 막연히 생각하면서 하루하루를 살아가는 모습이 안타깝다.

이 세상에 "어떻게 되겠지?"라는 것은 없다고 본다. 하늘에서 그냥 뚝 떨어지는 성공은 없기 때문이다. 그런데도 많은 사람이 그냥 막연히 행운이 오길 바라면서 시간을 보내고 있다.

자신의 현재는 과거 자신이 뿌린 씨와 노력에 대한 결과물이다. 신神은 아무것도 하지 않으면서 자기 이름만을 찾는 사람에겐 무관심할 뿐이라고 하였다.

미국의 하버드 대학에서 '꿈이 인생에 미치는 영향'에 대한 조사를 한 적이 있다. 학력과 자라온 환경 등이 서로 비슷한 사람 중 목표가 있는 사람과 목표가 희미한 사람, 목표가 없는 사람을 대상으로 25년 동안 연구한 결과 놀라운 사실이 발견되었다.

명확하고 장기적인 목표가 있던 사람은 25년 후 각계의 최고 인사가 되어 있었고, 단기적인 목표를 지녔던 사람들은 사회 중산층의 삶을 살고 있으며, 목표가 희미했던 사람들은 중하위층의 삶을, 목표가 없던 사람들은 최하위 생활을 하고 있었다고 한다. 즉 인생의 성공은 주어진 재능이나 배경보다는 얼마나 큰 꿈을 가지고 그 꿈을 이루기 위해 얼마만큼의 노력을 하느냐 하는 자신의 의지에 따라 결정된다는 것을 잘 보여주고 있다.

우리가 하고자 하는 것, 그것부터 이룰 수 있도록 목표를 정하는 시작의 날이 바로 새해 첫날이다. 아직도 새해 목표를 세우

지 않은 사람은 오늘이라도 당장 새해 목표를 세워야 한다. 가만히 앉아서 기다리는 사람은 절대로 꽃을 피울 수 없으니까.

나는 오늘의 다짐을 통해 제 인생 3막을 준비하고 있다. 자신의 꿈을 향해 쉬지 않고 노력한다면, 언젠가는 꼭 그 꿈을 이루게 되는 날이 온다는 생각을 가진다. 현재에 안주하기보다 더 나은 내일을 위해 노력하는 사람이 되어야겠다고 다짐한다. 남들이 보기에는 비록 하찮은 꿈일지라도, 자신의 자리에서 최고가 되기 위한 노력을 아끼지 않는 것이야말로 진정한 성공이라 믿고 있기 때문이다.

사회생활을 하다 보면 화나는 일도 있고 이해 못 하는 일도 있다. 남이 잘못을 했다고 해서 무조건 화를 내기보다는 이 사람이 왜 이런 행동을 했을까 한 번 더 생각함으로써 대인관계도 좋아졌던 기억이 있다. 이러한 습관을 가지게 되면 생각도 더 깊어지고 무언가를 선택할 때도 신중하게 올바른 선택으로 이어진다.

필자의 어린 시절부터 가치관은 성실함이었다. 시간 약속을 가장 중요하게 여기며, 그 외에 맡은 일은 최선을 다하고자 노력해왔다. 성실하게 행동하면, 신뢰는 자연스레 따라온다고 생각하기 때문에 늘 성실하려고 노력한 것이다. 또한 필자의 성격은 인정이 많다는 것이다. 인정이 많은 것이 장점도 되지만 단점도 된다는 것을 지내오면서 깨달았다.

정 때문에 주변 사람들과 더 가까워질 수도 있었지만 믿는 도끼에 발등을 찍히는 일도 있었다. 그럴 때면 사람들을 신뢰했던 것이 헛된 일이었다는 생각이 들었는데, 그래도 사람들에 섞여 있는 것을 좋아하고 술자리를 좋아하다 보니 사람들을 잘 따르게 된다. 친구들 사이에서는 고민을 잘 들어주는 편이고, 남들과 대화할 때는 상대방이 말하는 데 있어서 편안하게 배려해 주려고 노력해 왔다.

필자의 성격이 가진 단점은 '생각이 많다'라는 것이다. 일의 시작에 있어서 신중함이 더해져 지체되는 경우가 생기곤 한다. 하지만 이런 성격이 좋은 성과를 내는 데에는 큰 도움이 되었다. 시작에서의 약간의 지체됨은 민첩한 행동력으로 극복하여 오히려 체계 잡힌 업무처리를 가능하게 하였다. 타인에게 손해를 끼치기 싫어하고 본인이 맡은 일에 대해선 어떠한 시간적,

물질적 피해가 있다고 하더라도 책임을 완수하는 경향이 있다. 비록 이런 성격 때문에 인간관계에서 약간 딱딱한 인상을 주는 단점이 있긴 하지만 업무 측면에선 누구보다 열심히 책임을 다해 맡은 일을 처리한다고 생각한다.

필자는 이때까지 많은 것을 느끼고 배워왔던 만큼 보안업계에 관심이 있고 열심히 할 자신이 있다. 조직의 앞선 기술을 저하하고 조직의 생산성에 피해를 주는 모든 일을 막는 보안 분야에서 함께하고자 한다.

삶을 살아오면서 무슨 일을 시작할 때 "우선 시작해 보자!"라는 심정으로 시작한다. 무슨 일이든 시작했을 때 최선을 다해보지도 않고 노력을 해보지도 않고 시도도 해보지 않고 끝을 낼 때 얻어 갈 수 있는 건 없다. 지금은 매우 부족할지라도 작은 것 하나하나부터, 차근차근 배우고 노력하여 '나'라는 작은 씨앗을 먹음직스러운 열매로 맺고자 한다.

영화 '마라톤'을 보면서 많은 생각을 하고 느꼈다. 마라톤 코스에서 힘든 오르막길을 지나고 나면 반드시 내리막길이 나오는 것과 같이 인생 또한 힘들고 고된 시간에 그것을 참고 인내하여 목표를 향해 달려간다면 원하는 목표를 이룰 수 있는 날이 반드시 온다고. 지금 내가 몇 %의 재능을 가지고 있느냐보다는 앞으로 몇 %의 재능을 발휘할 것인가를 지켜봐 주었으면 한다.

어떤 일이든 맡겨주셨을 때 앞에 말했던 각오를 가지고 열심히 임하겠다. 또한 그 분야에 최고가 되기 위해 항상 노력하고 초심을 잃지 않는 모습을 보여드리고, 누구보다 신뢰하는 사람으로 자기 계발에 힘쓰고, 부모님께나 지인들에게 남 부끄럽지 않은 사람이 되겠다.

내가 가지고 있는 부분은 작지만, 긍정적으로 생각해 보면 내가 채워나갈 수 있는 공간이 그만큼 많다고 생각한다. 항상 노력하는 마음가짐으로 그 큰 부분을 채워나갈 것이다. 맡겨진 사소한 일에 있어서는 책임감을 느끼고 일을 처리하려고 한다. 생활하다 보면 하기 싫을 때, 짜증이 날 경우도 있지만, 긍정적인 생각을 가지려고 노력하고 있다. 한 사람이 짜증이 나는 얼굴로 일을 하면 그 집단에 큰 손해를 끼친다는 것을 알기 때문에 긍정적인 생각을 중요시한다.

서비스 일을 하면서 고객들 만나는 재미가 있다고 하는 것을 알았다. 고객님들이 반겨주시고 고생한다고 건네주시는 말 한 마디에 감사했고, 나도 그런 말에 힘이나 하나라도 더 해주려고 노력했다. 고객님들에게 말동무가 되어 드리고 부족한 내 기술을 감사하게 받아주어 보람찬 하루하루를 보내기도 했다. 이제까지 했던 모든 일이 나에게는 성숙한 사람으로 진화될 수 있게 해주는 경험이었다.

등산하다 산 중턱에 다다르면 너무 힘들어서 내려가고 싶은 순간이 온다. 그때를 잘 이겨 내면 산 정상에서 멋진 광경을 볼 수 있는 특권을 가지게 될 것이다.

언제나 등산을 하면서 인생에 대해서 '잠시 쉬어갈 수는 있겠지만 그만두지는 말자'라는 다짐을 한다. 꼭 해야만 하는 시키는 일만 하는 타성적인 사람이 아닌 조직의 발전을 위해 먼저 움직이는 발 빠른 사람이 될 것이다. 그리고 업무에 필요한 것들을 스스로 알아보고 내 것으로 만들어 주위 사람들에게 도움을 드릴 수 있도록 할 것이다. 앞으로 어떤 조직에서든지 듬직한 사람으로 부모님께 있어서는 조금이라도 부끄럽지 않은 아들로 우뚝 서기 위해서 일 외에 자기 계발에도 힘쓸 것이다.

"신용(돈은 모일 때도 흩어질 때도 있으나 사람 간의 약속은 흩어지는 순간 끝이다!) 과 예禮(나이는 절대로 허투루 먹지 않는다! 앞서 삶을 시작한 자들의 경험을 무시하지 마라!), 도전(실패를 두려워 마라! 그 실패는 훗날의 성공을 위한 밑거름이 될 것이다!)"

이것이 나의 생활신조이다.

그 외 살면서 형성된 여러 마음가짐이 있으나 소속된 집단에서 불필요하다고 여겨질 때 과감히 꺾어버리고 그 생각을 받아들일 것이다. 초라한 이력서 하나를 넣는 곳이더라도 내가 뿌리를 내려 하늘을 향해 가지를 뻗을 토양이며, 비바람에 씻겨 내려가지 않게 붙들 내 터전이라 생각한다. 나 자신이 조직에 100% 적합한 준비된 인재라고는 생각하지 않는다. 그만큼 채울 수 있는 빈자리가 있으므로 더욱더 최선을 다해야 할 이유도 있다고 생각한다.

지금까지 본인의 경험이 앞으로 업무에서 꼭 도움이 되리라 생각하고 있으며 이른 시간의 업무 파악으로 조직의 발전에 도움이 되는 인재로 도약할 자신이 있다. 조직의 점진적인 이익 창출을 향해 부단히 공부와 업무를 멈추지 않을 것이며, 나아가 조직에 이바지하도록 퇴사까지 최선의 노력을 다하겠다. 현실에 안주하고 향상되지 않는 것이 아니라 한 발 한 발 내디디며 향후 나 자신의 발전된 삶을 살아가고 싶다. 성실하게 일할 자신이 있다. 부족하다면 배우고 채워서 이 분야의 최고가 되고 싶다.

본인의 10년 후의 모습은 정보보안 분야의 전문가가 되어 있는 것이다. 전 세계가 가까운 정보통신 분야를 토대로 하는 디지털 지식기반 사회로 가속화되고 있으며 또한 현재 국경이 없는 무한경쟁의 시대에 발맞추어 조금 더 다양한 정보통신 분야의 분화와 규제들이 예상된다. 이러한 변화의 흐름에서 나는 지금까지 배운 지식과 실력, 업무에서 필수라고 생각되는 OCJP, ISO27001, 디지털 포렌식 등 자격증을 취득하였고, 앞으로 취득할 보다 전문화된 자격증으로 나의 능력을 펼칠 것이다. '잠시 쉬어갈 수는 있겠지만 그만두지는 말자'라고 다짐해 본다. 언제나 최고를 위해 열심히 노력하는 삶을 살아야겠다.

"케세라세라"

스페인 언어로 '될 대로 되라'는 말이다. 문자 그대로 해석하면 어떤 일이든 무관심하고 책임감 없어 보여서 안 좋게 해석될 수도 있지만, 사실은 포기하지 않고 최선을 다하면 이루어질 일은 언젠가 이루어진다는 의미를 담고 있다. 필자의 생활도 케세라세라와 같다. 언제나 일을 무책임하게 두고, 저절로 해결되기만을 바라는 나약한 사람에서 어머니와 동생의 도움으로 어떤 일이든 포기하지 않고 최선을 다하는 사람으로 변화하게 되었다.

지금까지 살아오면서 본인이 항상 머릿속으로 생각하고 있는 말은 "너무 과하지 않게 행동하자."이다. 항상 어떤 일이든 할 때 너무 무리하고 과하게 하면 사소한 부분을 망각하는 경우가 많았기 때문에 항상 지금 현재 하는 일에 집중하여 꼼꼼히 하는 편이다.

필자에게 있어 인생의 목표는 화려하게 비상하는 독수리가 되는 것은 아니다. 독수리가 날 수 있게 펼쳐진 긴 날개가 되는 것이 내 목표다. 조직의 미래를 결정하는 것은 최고의 책임자나 조직의 수장이 아닌 그들을 옆에서 조언하고 보좌하는 존재이며 이를 통해 스포트라이트를 받을 수 있게 컨설팅하는 것에 카타르시스를 느낀다.

새로운 걸 경험하고 기회가 있다면 주저하지 않고 덤벼들 각오는 되어 있다. 기회가 생긴다면 놓치지 않고 성과로 내보이는 인재가 되고 싶다. 본인이 관심을 가졌던 분야이고 항상 배우고 싶었던 만큼 항상 최선을 다해 임했다. 본인의 이상 실현을 위해 먼저 향후 몇 년 이내 '열심히 배우는 성실한 사람'에서 본인의 가치를 더욱 키워가며 '전문지식이 풍부한 사람'으로 인정받을 것이다. 이런 노력과 경험의 축적으로 앞으로는 '최고의 전문가'로 인정을 받을 것이다. 언제나 최고를 위해 열심히 노력하는 삶을 살도록 하겠다.

지푸라기라도
잡고 살아가는 인생

이제 좀 먹고살 만해지려나 싶을 때쯤 예기치 못한 불행이 찾아오게 되었다. 비몽사몽 제정신이 아니었다. 앞도 잘 안 보이고 치아도 흔들렸다. 창피하고 슬펐다. 혼자 몰래 울기도 많이 울었다. 가혹한 상황 속에서 어려운 시절을 이겨 내고 여기서 포기할 수 없다는 일념 하나로 초인적인 정신력을 발휘하여 이를 견디어 내야 했다.

상상하기도 어려운 고통의 시간을 잘 견뎌오고 무사히 견뎌올 수 있었던 이유는 물론 강인한 정신력 때문이기도 하겠지만, 독서와 서평을 하면서 달라진 것 역시 큰 영향을 끼쳤다.

인생을 멋과 소박한 맛으로 아름답게 수놓는 군더더기 없이 깨끗하면서 투박한 매력을 지닌 사람은 인생을 더욱 돋보이게 한다. 소박한 멋과 인생 100%의 자존심, 나 자신만이 가지고 있는 풍부한 감수성을 통해 인생의 멋을 수놓는 심정으로 그동안 착실히 준비해 왔다. 서로의 믿음과 사랑의 마음으로 담아내는 것들이 하나로 이루어져 그 가치가 배가 되는 것처럼 우리 인간만이 가질 수 있는 가장 아름다운 예술이 아닐까? 세상에서 자신이 제일 힘든 것처럼 얘기하지 말자. 본인도 부모님도 형제들도 친구들도 다 힘든 인생을 살고 있는데 그 힘든 인생을 견디고 노력하고 쓴맛도 보고 해야지 행복한 게 무엇인지 느낄 수 있는 것이다.

원래 인생은 힘든 것이다. 힘들지 않은 사람이 어디 있을까? 인생은 그냥 강물처럼 흘러가기만 하고, 시간 지나고 나면 바다까지 흘러가다가 증발해서 다시 비로 내려서 강으로 흘러 들어가서 다시 바다로 가는 것이다. 이것이 계속 반복되는 게 인생이 아니겠는가? 이러한 인생이 마냥 행복하기만 하면 행복한 걸어떻게 알 수가 있겠는가? 고생 끝에 낙이 온다고 고생을 해봐야 나중에 아! 이게 행복이구나 느낄 수 있는 것 아닌가?

인생을 풍요롭게 살아가려면 저축을 하라고 권유하기도 하지만 저축은 하면 할수록 손해 보는 느낌이 들고, 돈이 모였을 때도 그다지 행복감을 주지 않는다는 생각을 해 보았다. 돈을 모아도 행복하지 않기 때문에 돈을 저축하지 않는 대신, 인맥을 소중히 하는 차원에서 Care 해줄 수 있는 사람을 찾아 그가 진 빚을 갚아주면 어떨까?

빚을 다 갚았을 때의 행복감이 훨씬 크다는 것을 알고 있는가? 박봉의 우리는 아무리 저축을 열심히 하고 현실적인 일정한 목표를 이루어도 행복하지 않았다. 설령 모은 돈으로 열심히 저축하고 목표를 이루었는데도, 모자라서 빚을 내야만 하는 상실감을 가져본 적 있다면 이해할 수 있을 것이다. 그런 측면에서, 너무 열심히 돈을 모으지 말고 내가 가족, 친구, 이웃에게 진 빚을 내고 천천히 빚을 갚으며 살아보자.

이렇게 살면 항상 빚을 갚아야 하니 열심히 일할 수밖에 없을 것이다. 열심히 빚을 갚고 적절한 빚이 있는 삶은 엉뚱한 욕심을 부리지 않는다. 이것은 분명 플러스 인생이므로 우리는 행복하다. 그런 행복을 맛보기 위해 너도 한 잔, 나도 한잔하면서 인생 상담을 나눈다면 이 또한 즐겁지 아니한가?

"각박한 시대를 살아가는 우리도 남을 배려하고 이해하는 조화로운 모습으로 인생을 살아가자"

나이를 먹어 가면서 사는 날보다 죽는 날이 가까워질 즈음 우리 인간은 누구나 지난날들을 그리워하고 후회도 하며 자기대로의 삶을 살아온 사랑과 인생과 추억의 발자취들을 남기고 싶어하는 마음이 있다. 정녕 나대로의 생을 살아왔고, 그 누가 뭐라한들 문자 그대로 파란만장한 인생의 역정(歷程)을 우린 걸어왔다. 누구나 자신만의 개인 역사와 말 못 할 비밀이 있듯이 나름대로 숨겨진 이야기와 우리의 삶이 녹아 있지 않을까?

이제 나이를 하나둘 먹어 가면서, 흘러간 출생 과정과 유년기와 청소년기, 그리고 장년기를 지나서 현재 순간까지의 가정환경과 사회생활, 직장생활의 모든 것을 술 한잔에 어찌 전부 애기화할 수 있을까? 우리는 지난날의 잘못을 참회하고, 다시는 나와 같은 불행한 전철을 밟는 사람이 없도록 후학들에게 반면교사가 되고픈 것이 작금의 심정인 것을.

어느 분은 분노하기도 하고 부끄러워 낯을 들 수 없다고 어쩌면 수많은 사람이 돌을 던질지도 모르겠지만, 하지만 그것은 진정 잘못된 인생을 살아온 내 탓이요, 내 죄이기 때문에 우리 그 돌팔매를 기꺼이 받아들이자.

개미에게 배우는
리질리언스(Resilience)

개미는 성실하고 베짱이는 게으름의 표본이 된 것이 이제는 평범한 진리가 되어 버린 듯하다. 개미들을 가만히 살펴보면 그 어떤 개미도 어느 한 자리에서 가만히 쉬고 있는 모습을 보기 어렵다. 작고 힘없는 한 마리의 개미가 세상에 나와 버리는 좌충우돌.

개미는 먹을 것을 열심히 날라 모아둔다. 여름 내내 놀고 지내는 베짱이와 달리 땀을 뻘뻘 흘리면서 자기 일에 충실한 것이 개미다. 그렇다고 남에게 해를 끼치는 법은 없다. 그저 자기 자신에게만 충실한 존재다. 개미는 '있어도 그만, 없어도 그만인' 존재일까?

험난한 세상에 힘없이 놓인 작금의 세상을 살다 보면 정말 인간 같지 않은 인간들을 볼 때가 있다. 보통 우리는 '개미' 하면 절대로 한 자리에서 가만히 쉬지 않는 일개미를 떠올리지만 사실 개미굴을 들여다보면 80%의 개미는 쉬고 있다고 한다. 경영

학에서 말하는 80:20의 법칙이 기막히게 개미사회에도 맞아떨어진다.

결국 자연법칙이다. 어떤 개미는 약삭빨라서 20%에 절대 나오지 않기도 한다. 모두가 생존을 위해 조직에 충성하면 진짜 위험한 때에 싸울 개미가 없기 때문이다. 그래서 사회에는 놀고 먹는 이들도 필요하다.

이제 인구구조가 바뀌니 10대 후반에서 20대에 고정된 교육을 할 게 아니라 평생교육 시대를 대비해야 한다. 20대 초 대학에서 배운 것을 계속 우려먹기는 불가능하다. 지식은 끊임없이 배워야 한다. 세상은 배운 사람보다 배울 사람을 필요로 한다. 신종 코로나바이러스 감염증(코로나19) 사태가 장기화하면서 우리가 겪는 사회경제적 어려움이 가중되고 있다. 이럴 때일수록 역경을 뚫고 헤쳐나갈 수 있도록, 힘든 시기를 함께 극복할 수 있도록 지혜를 모아야 할 것이다. "만나는 사람 모두에게서 무엇인가를 배울 수 있는 사람, 마주치는 모든 사물에서 무엇인가를 배울 줄 아는 사람이 세상에서 가장 현명하다"라는 말은 탈무드에서도 나온다.

지속적인 배움의 필요성은 사람은 죽을 때까지 천천히 성장해가는 존재라는 점에서도 잘 드러난다. 50년 가까이 꾸준하고 성실한 배움의 자세를 가질 필요가 있다.

많은 사람이 성공하기 위해서는 큰 꿈과 높은 목표가 있어야 한다고 말한다. 하지만 아무리 좋은 꿈과 목표가 있어도 이를 이루기 위한 준비와 행동이 없으면 성공할 수 없을 것이다. 마음에 품고 있는 각자의 꿈을 이루기 위해 무엇을 해야 할까?

첫째, '책임 의식'을 가져야 한다. 단순히 자신에게 주어진 업무를 수행해야 한다는 의무감이 아니라, 자신의 상황을 극복하고 원하는 결과를 달성하는 데 필요한 주인의식, 즉 본인에게 주어진 환경을 넘어서고자 하는 개인의 선택이 바로 책임 의식이다.

책임 의식은 조직의 목표를 달성하기 위해 본인의 일의 효율성을 높이려는 능동적인 노력으로 조직의 목표를 성취하는 데 일정한 역할을 하게 되고 이런 경험이 반복되면 스스로에 대한 자긍심이 생긴다. 책임 의식이 바탕이 되면 주어진 업무를 대충 끝낼 수 없게 된다.

둘째, 끊임없이 배워야 한다. 평균 수명이 늘어나면서 평생직장의 개념이 사라진 지 오래다. 지금 다니고 있는 직장을 떠나야 할 상황이 생길 수도 있고, 같은 분야의 다른 직장으로 옮기거나 전혀 새로운 경험을 시작할 수도 있다. 이때 선택의 기회는 준비된 사람에게 찾아오기 때문에 배움이 필요한 것이다.

현재 업무를 더 잘하기 위한 지식을 쌓는 공부는 물론이고, 전혀 다른 분야의 전문지식을 통해 현재 업무에 개선을 가져올 수도 있다. 또 업무와 상관없지만 새로운 취미를 위한 공부는 삶의 질을 높여주는 동시에 현재 진행하고 있는 일의 예상치 못한 부분에서 창의성을 발휘하게 한다.

직장을 다니면서도 계속 실력을 쌓고 새로운 것을 배워야 하는데 이를 사교육에만 맡길 수는 없다. 이제 대학의 존재 자체가 위협받는 시대다. 대학이 줄어들 거라고 한다. 대신 '부티크 대학' 같이 작은 대학을 많이 만들면 대학의 자유로움을 구체화하면서도 진정한 교육이 가능하지 않을까.

살아남으려면 일단은 버텨야 하고 어쩔 수 없는 재난을 겪은 후에는 빠른 속도로 회복하는 것이 관건이다. 조직이나 개인 모두에게 리질리언스(Resilience, 회복 탄력성)이 필요하다. 무엇을 배우는가도 중요하지만, 끊임없이 배우려는 삶의 태도 자체가 여러분의 경험과 인생을 달라지게 할 것이다.

셋째, '포기'가 아닌 '극복'이 우리 삶의 습관이 되어야 한다. 사회생활을 하다 보면 작게는 일상 업무에서 느끼는 어려움에서부터, 잘못된 결정으로 인한 실패, 나아가 최근 코로나19 사태와 같이 나의 능력으로는 통제할 수 없는 상황 등 모든 걸 포기해 버리고 싶은 어려운 순간이 찾아올 때가 있다.

하지만 사고를 전환하면 '포기하고 싶은 상황'은 '불리한 상황을 극복할 기회'이기도 하다. 실패 없는 발전은 존재하지 않는다. 넘어지지 않고서는 몸을 일으키는 근육을 사용할 기회가 없듯, 어려운 상황을 극복해 낸 경험이 나를 더 단단하게 한다.

포기가 습관이 된 사람에게 큰 시련을 극복해 내는 것은 불가능한 일이다. 반대로 시련을 견뎌내 본 경험이 있는 사람은 실패를 두려워하지 않고 오히려 그것을 통해 무언가 배울 수 있고 발전할 수 있다는 것을 알기 때문에 매사에 능동적으로 도전한다.

현재 코로나19 사태로 인해 많은 이들이 경제적, 심리적으로 많은 어려움을 겪고 있겠지만, 이럴 때일수록 자신을 스스로 믿고 용기 있게 극복해 나가시길 진심으로 응원한다.

26년을 넘게
실천하는 습관

    회사 내의 희망퇴직 프로그램으로 인해 사직서를 제출하고 퇴직하신 분들과 같이 '퇴직자들의 하루'를 살펴봤다. 가족들에게 퇴직 사실을 숨겨왔다면 솔직히 털어놓으시고 가족과 대화를 통해 이겨 내기를 간절히 기대한다. 그렇지 않을 경우 앞으로 2개월~3개월 후면 여러 가지 우울증들이 생기게 된다.

    가족들은 아무런 걱정하지 말고 쉬라고 하지만 또한 쉬운 일이 아니고, 아무런 일도 안 한 채 휴식하기란 정말 힘든 일이다. 어디 당분간 여행을 다닌다 해도 몇 주 후면 암울하게 다시 퇴직자라는 사실 때문에 웃다가 울다가 그런 반복적인 우울증으로 인해 심한 스트레스와 정신적 충격을 받는다고 한다.

    일찍이 필자는 4번째의 구조조정 속에 살아남았다가 이번 프로그램만은 이겨 낼 방법이 없다는 사실을 깨달았다.

    그리고 앞으로 부탁드리고 싶은 것은 신입사원으로 회사에 들어오려면 누구도 배척 못 할 강력한 자격증을 취득해서 입사하고 회사의 분위기 파악을 한 뒤, 비전이나 미래를 확립하는 한편, 우물 안 개구리가 되지 말고 대외활동(인맥)을 하면서 서서히 준비하면서 퇴직 후에 할 수 있는 자격증을 미리 취득하시라는 것이다. 그냥 가만히 근무만 하고 있다가 갑자기 이런 시련이 닥쳐오면 감당할 수 없다.

필자는 요즈음 이름만 대면 다 아는 대기업에서 PIP 교육을 하고 있다. 타이틀은 '역량향상(능력)을 위한 교육'이라지만 실상은 해고를 위한 절차를 밟는 교육이다. 지난날 정말 잘 나갔던 분들이 이 교육의 리스트에 오르고, 몇 개월 안 되어 해고를 당하고 있다. 적게는 10년, 많게는 26년을 몸담은 회사이지만 지금은 해고 또는 자진 퇴사를 하고 일용 노동직으로 생소한 공사판이나 또한 동종업계나 이곳저곳을 전전하고 있다. 그나마 재취업률은 1%도 안 되고 한창 일할 나이에 아이들 교육비로 더 많은 돈이 필요한 시기에 그야말로 백수가 되어버리는 것이다.

직장 안에서 아무리 잘해도 퇴직 후에는 정말 생각하지 못한 사실에 더욱더 움츠리게 된다. 젊은 나이에는 상관없지만 40~50대를 반겨주는 곳은 거의 없다. 건강상으로도 신체상으로도 걱정이 되기 때문에 기업에서는 안전관리에도 신경을 쓰게 된다.

본인의 의지와는 상관없이 퇴직, 해고를 당하고 많은 고민에 쌓이신 40~50대를 위한 퇴직 후 지침서를 올려볼까 한다. 여러

분께 다소나마 적지 않은 위로와 격려가 되기를 희망한다.

1. 절대로 퇴직금으로 창업, 오피스텔 투자, 적금(연금), 다단계 등을 하지 말자

퇴직을 하게 되면 경험도 없고 퇴직금으로 장사나 사업을 해볼까 해도 겁이 난다. 40~50대의 나이에 직장에서 밀려 나와 새로운 직업을 구해야 하는 어려움이 있을 뿐만 아니라 나이로 인한 취업의 어려움, 재취업을 위한 충분한 시스템의 부족 등으로 갑작스레 직장에서 나와 새로운 직업을 구해야 하는 당사자들은 당황스러울 뿐 아니라 어떻게 해야 하는지 그 방법을 모르는 경우가 많다.

그나마 대기업의 경우는 급작스러운 구조조정이나 인력감축으로 인하여 어쩔 수 없이 회사를 떠나야 하는 퇴직자를 대상으로 기업 및 조직에서 전직을 지원한다. 이때 퇴직 대상 인력이 퇴직 이후 새로운 경력을 성공적으로 찾도록 정신적 안정, 진로 결정 및 재취업 및 창업에 필요한 컨설팅, 교육, 환경(시설 등)을 제공하는 일련의 컨설팅 서비스 활동을 하지만 이것조차 귀찮아서 몇 푼 안 되는 위로금이라고 해서 그것으로 때워 버리는 경우가 부지기수다.

이렇게 되면 앞으로 살길이 막막하고 어디서부터 어떻게 해야 할지 눈앞이 깜깜하다. 지금 피를 토하는 심정으로 답답하고 벼랑 끝에 서 있는 현실이겠지만 정신 똑바로 차리고 하늘이 무너져도 솟아날 구멍이 있다. 호랑이한테 잡혀가도 정신만 차리면 살 수 있다는 각오로 매진하기 바란다. 이제까지 살아왔던 모든 방식, 마음가짐은 버려두고 새롭게 태어나야 가능하다. 무슨 일이든 할 수 있다는 용기를 가지는 한편, 그 이전에 나를 버리고 가족을 위해 자존심까지 버릴 준비를 하시고 도전하면 된다.

사실 회사 생활만 하다가 퇴직금으로 창업이나 다른 일을 하는 대다수 분들이 실패하고 있다. 당연한 결과이기도 하다. 지금 어딘가에서 누군가의 말을 듣고 퇴직금으로 창업을 준비 중이라면 꿈을 깨버리자. 지인이나 혹은 언론 등을 통해서 퇴직자들의 경제활동 재참여와 자산증식에 도움을 줄 수 있는 프로그램이 있다는 소개를 받는다면 그 자리를 박차고 나와야 한다. 그나마 갖고 있던 퇴직금마저 날리고 빠져나올 수 없는 늪에 빠지게 되는 경우가 대다수다. 세상이 그리 만만치 않다. 달콤한 말과 장밋빛 희망을 보여주는 이는 진정 여러분을 생각하지 않는 사람들이며 여러분의 돈을 탐내는 것 그 이상도 그 이하도 아니다.

2. 건강한 몸과 성실한 마음만 있으면 보란 듯이 곧 재기할 수 있다

그동안 안정된 직장에서 한 자리 하면서 적지 않은 연봉에 남부럽지 않게 살아왔기에 현재의 모습은 그저 암울하기만 할 것이다. 현업에 최선을 다하느라 언제까지나 그 자리에 있을 것이란 안일한 생각에 아무런 준비도, 대책도 마련해 놓지 못했을 것이다. 당분간은 퇴직금과 보험, 적금, 위로금 등으로 생활은 하겠지만 아침에 눈을 뜨면 갈 곳이 없다는 허무함 속에 속이 말이 아닐 것이다.

나이도 많고 자격 조건도 부족하고 또 나를 써줄 곳도 없다는 생각이 지배적이고 또 현실이 그렇다. 퇴직 이후는 누구나 두렵다. 특히나 급작스러운 퇴직을 맞게 되면 심리적인 충격이 매우 크고 스트레스도 높아지게 된다.

청년실업 100만 명, 장년 실업자 700만 명에 육박하는데 어떤 회사가 나를 써줄까? 아마도 드물 것이다. 일용직도 구하기도 만만치 않다. 서서히 여기저기 창업을 다시 알아보러 다니는 경우가 많지만 할 수 있는 창업 아이템도 한계가 있어 섣부른 판단에 그나마 있던 퇴직금도 날리게 되고 이렇게 된다면 정말 도저히 회생 불가능한 생활이 된다.

최저시급을 받고 주5일 8시간 근무한다고 가정했을 때 월 급여는 110만 원~120만 원 선이다. 비정규직은 보통 200만 원 수준이다. 그나마 한 달에 180만 원 정도의 급여를 받을 수 있는 아파트 경비원 자리가 구하기 쉬웠는데 이제는 이나마도 무인 경비가 보급되고 아파트 경비초소도 줄어들고 있어 차 떼고 포 떼면 130만 원 정도가 고작이다.

100만 원으로 생활을 할 수 있을까? 맞벌이한다고 해도 200만 원~300만 원. 예전 수입의 절반도 안 되는 그야말로 극빈층의 생활이 시작되는 것이다. 그동안 소비한 게 있어 아무리 절약한다 해도 쉽게 줄어들지 않는다. 그렇기 때문에 실업급여를 받으면서 동시에 가까운 지역의 생산직을 찾아 주·야 교대식이라도 취업해야 한다. 몸이 고달프고 힘이 들어도 삶의 현장을 체험할 기회이기도 하다.

3. 정부와 언론 기사 등에 좌지우지되지 마라

뉴스 보는 시간도 시간 낭비다. 그 시간에 책을 보자. 여러분께 추천해 줄 도서는 장욱희 저자의『나는 당당하게 다시 출근한다』이다.

해가 바뀌어도 해결되지 않는 문제가 있다. 바로 취업난이 그렇고 취업난은 시간이 가면 갈수록 더 심각해지는 것 같다. 이런 문제점을 극복하고자 다양한 자격 조건을 쌓으려는 사람들이 많지만 고학력과 높은 자격요건으로도 취업난을 뚫기는 힘이 든다. 특히 요즘 취업난이 심화하면서 졸업을 연기하고 도서관에서 취업을 준비하는 사람들이 많다고 한다. 대체 어디서 잘못된 것일까?

위에서 소개한 책에서는 자신에게 딱 맞는 재취업 분야를 설정하기 위한 자기진단에서부터 이력서 구성법, 면접에서 중장년층에게 주로 하는 질문과 그 의도, 답변 방법까지 상세하게 다루고 있다. 실제 재취업한 이들의 이력서 샘플 등도 제공하고 있으니 취업을 준비하는 사람들에게 이 책은 많은 도움이 될 것이다.

재취업을 위한 첫 번째 단계를 '진단'으로 정의 내리고 내가 무엇을 좋아하는지, 어떤 직업을 원하는지, 무엇을 잘할 수 있는지를 알아야 한다는 것이다.

자신이 좋아하는 일을 하고 원하는 일을 하면서 살아가는 사람도 있지만, 대부분은 어쩔 수 없이 내가 하고 싶고, 좋아하는 일을 미루고 현실에 타협하면서 살아가는 사람들이 더 많기 때문이다. 또 나이가 많다고 더는 주눅 들지 말자.

4. 경험 부족으로 남의 말만 듣고 시작하거나 방황한다면 이 또한 시간낭비가 된다

따라서 당분간 고용노동부의 워크넷 사이트(www.work.go.kr)를 추천하고 싶다. 한국고용정보원(www.keis.or.kr)에서는 일자리에 관련된 유익한 최신 정보를 제공해 준다. 그리고 중기청(www.smba.go.kr)에서는 우리나라 중소기업 현황에 관해 확인할 수 있다.

두려움과 걱정으로 불면의 밤을 지새우는 벼랑 끝과도 같은 여러분들에게 도움을 드릴 방안을 함께 고민해 보겠다. 실제 도움을 될 수 있는 내용을 생각하고 만든 자료인데 반응은 어떨지를 생각해 보기도 했다. 핵심 포인트는 다음과 같다.

- 새로운 기술변화에 적응하기
- 발표(프레젠테이션)는 선택이 아닌 필수
- 통하라! 의사소통 능력
- 3년마다 일을 바꿔라
- 인생의 디자이너가 되자

두려움을 떨쳐내고, 무엇이든 배워라. 그리고 빨리 실패하라, 그것에서 배워라, 그리고 반복하라. 자신의 실수를 받아들이고, 실수에 감사하라. 실수와 직접 대면해서 파악하라. 그 실수들이 왜, 어떻게 일어났는지 알아내라. 그리고 그 실수를 다시는 범하지 않도록 상황을 개선하라. 실수를 적절히 문서로 만들면, 다른 사람이 어떤 일이 있었는지를 확인하고 같은 실수를 반복하지 않게 할 수 있음을 잊지 말아야 한다.

책과 테이프, 세미나 그리고 전문가들로부터 어떻게 실수하지 않을 수 있을지 자문하여라. 컨설턴트 같은 전문인력을 찾아라. 그리고 계속해서 배워라. 절대 배우는 것을 멈추지 마라. 바로 그것이 삶을 흥미롭게 만들며, 자신의 사업에 지속적인 관심을 두도록 해줄 것이다. 실수하는 것이 나쁜 일은 아니지만 같은 실수를 반복하는 것은 큰 문제다.

실수로부터 뭔가를 배울 수 있다면 실수는 성장의 길이자 승리로 나아가는 길이다. 당신이 걸었던 길을 지우려고 하지 말고 뒤따르는 사람들을 위해 계속해서 불을 비춰 주어야 한다.

이는 미물인 짐승 세계에서도 마찬가지이다. 애틀랜타 프로미식축구의 상징인 매가 40년을 살면 부리와 발톱이 노화되고 깃털이 두꺼워져서 날기가 힘들어진다고 한다. 그때 매는 바위에 올라 바위를 쪼아서 부리를 쪼개어 빠지게 한다. 그리고 새 부리가 나면 이어서 발톱과 깃털을 뽑아내는데 반년 동안 그 과정을 거치면서 완전히 새롭게 변신하고 그 후 30년을 더 살게 된다고 한다. 현재의 모습에 안주하면 결국에는 퇴보하고 말기 때문에 날마다 변신을 거듭함으로써 전진해야 한다.

내가 가는 길이 험하고 멀지라도 함께 간다면 좋겠다. 우리 가는 길에 아침 햇살 비치면 행복하다고 말하고 싶다. 우리는 행복을 주는 사람이니깐 말이다.

드릴 건 없고요

사람이 사는 일에
어떻게 늘 좋은 일만 있을 수 있겠습니까?
크든 작든 가슴 쓰라린 일도 있고
견디기 어려운 실패도 있지만
세월이 내가 다시 살아가도록
한 장 한 장 사는 방법을 그려줍니다.

사람이 사는 일에

어떻게 늘 웃는 일만 있을 수 있겠습니까?

생각지도 않게 눈물 흘릴 일도 있고

속마음 깊숙이 한숨 쉴 일도 있지만

세월은 내가 다시 시작하도록

하루하루 소중한 가치로 보태줍니다.

사람 사는 일에

늘 어려움만 있고 한숨 쉴 일만 있다면

희망과 소망이라는 말이 왜 있겠습니까?

힘들고 어려워도 참고 견디노라면

쓰라림을 통하여 사는 방법을 알게 되고

눈물을 흘림으로 사는 가치를 알게 됩니다.

– 오광수

　저자가 책을 쓰게 된 동기는 다름이 아니라 '끊임없는 자기계발'이었다. 한순간도 멈춰서서는 안 된다. 그러면 여러분의 수명이 다한 것처럼 식물인간형 산소호흡기에 의존하는 수밖에 없는 것이다.

　"이 세상에는 잔머리를 굴리는 사람들이 많다."

　알리바바 마윈의 얘기를 소개한다.

한번은 마윈이 상하이에 있는 5성급 호텔파티에 중요한 손님을 한 분 모시고 갔는데, 키도 크고 잘생긴 젊은 직원 하나가 접시를 들고 들어왔다. 그 직원은 마윈을 보더니 아는 척을 하면서, 자기는 알리페이로 할부금을 낼 때마다 1마오 2펀(우리 돈으로 20원 정도 금액)의 이자를 절약한다고 말했다.

그 젊은이는 지나치게 잔머리를 굴린 셈이다. 그렇게 '똑똑하게' 계산하지 않았더라면 지금쯤 총지배인이 되었을지도 모르는데 말이다.

이 일화를 통해 마윈은 자신을 가장 똑똑하다고 여기는 사람이야말로 실상은 가장 어리석은 사람이라고 말한다.

알리바바 설립 초기에는 직원들을 모으기가 녹록지 않았다. 그러자 마윈이 웃으며 말했다.

"거리에 나가서 걸을 수 있는 사람들을 모두 데려와요."

시간이 지나자 직원들 가운데 '똑똑한 사람들'은 회사를 떠나 창업을 했지만 그중 성공한 경우는 몇 되지 않았다. 오히려 계속 회사에 남아 있었던 사람들, '달리 갈 곳이 없었던 똑똑하지 않은 사람들'은 인터넷의 급속한 발전과 함께 점점 더 많은 소득을 올렸다.

마윈은 말한다.

"때로는 어설프게 똑똑한 것보다 좀 덜 똑똑하더라도 우직한 것이 낫고, 외로움을 견뎌낼 줄 아는 사람만이 성공한다"라고 말이다. 또한 마윈은 창업을 꿈꾸는 사람들과 나눈 대화에서 이렇게 말하였다.

"방금 동업자가 본인보다 더 똑똑한 사람이라고 했는데, 그렇게 말할 수 있는 것은 아주 훌륭한 덕목이라고 생각한다."

뛰어난 재능을 타고나지 않았다고 한탄하거나 걱정할 필요는 없다. 항상 자기가 똑똑하다고 착각하면서 다른 사람을 무시하는 태도야말로 창업에서 가장 경계해야 할 대상이다.

다른 사람의 꿈을 절대로 비웃지 말라.
꿈이 없는 사람이 가난한 사람이니까.

사람이 성공하지 못한 것은
열심히 하지 않아서가 아니라
분명한 꿈을 가지지
못해서이기 때문이야.

꿈을 이루는 것은 온전히
나와의 싸움이다.

진정 성공을 원한다면 5년쯤 목표로 삼고
자기에게 보내는 꿈의 편지를 써보자.

아니면 매년 1년을 단위로
꿈의 편지를 써보자.

– 한 호흡 쉬어가며–

사랑한다는 것으로

– 서정윤

사랑한다는 것으로
새의 날개를 꺾어
너의 곁에 두려 하지 말고
가슴에 작은 보금자리를 만들어
종일 지친 날개를 쉬고
다시 날아갈
힘을 줄 수 있어야 하리라

우리가 함께
만들어가야 할 세상

2024년에는 치매 환자가 100만 명을 넘어설 것으로 예상된다. 노령 인구가 늘고 있는 가운데 치매 환자 수도 함께 늘고 있어 대책 마련이 시급해 보인다. 또한 간호간병 서비스 사업에 있어 오는 2022년까지 10만 병상 증대를 목표하고 있는데 현재 3만7천여 병상을 유지하고 있으며 이에 필요한 인력이 2만5천여 명이다. 10만 병상까지 늘리기 위해 단순 계산으로도 현 인원의 약 2배 이상이 필요한 것으로 보고 있다.

그런데 요양보호사는 2017년 기준으로 약 36만 명인데 2022년에는 53만 명이 필요할 것으로 전망되며 현장에서는 결원이 발생할 때 신규 채용에 있어 어려움을 겪고 있다. 게다가 요양보호사 대부분이 고령층이어서 퇴사가 예상된다. 그리고 간호사는 2030년 15만 8천여 명이 부족할 것으로 예측되고 있다.

경력단절을 겪은 사람들 중 많은 사람들에게 그나마 쓸모가 있는 자격증이 요양보호사, 간호조무사 등이다. 4차산업이 시작되면서 엄청난 실업자가 생기는데 그나마 로봇이 장악 못 하는 영역이 복지와 의료계이기 때문이다. 의사들이 로봇이 장악하게 내버려 두질 않아 의료계가 그나마 제일 늦게 로봇화될 것이다.

이러한 이유로 전업주부 생활을 하고 있어도 가족들이 갑자기 실업했을 때 써먹을 수 있도록 언제든지 맞벌이하게 미리 자격증을 취득하는 것이 필요하다는 인식이 확산되고 있고 국가에서 학원비, 교육비, 수당 등을 지원한다는 장점도 있어 일종의 '보험용' 자격증으로 취득만 해 놓는 사례가 증가하고 있다.

실제로 요양보호사 국가공인자격증 취득자 200만 명 중 실제 근로 중인 요양보호사는 장기요양보험 수급자 시장에서 종사 중인 30만 명에 그치고 있다. 수요도 있고 공급도 있지만 제대로 만나지 못하는 실정이다.

왜 그럴까? 보건복지부에서 안일한 정책을 통해 최저임금 이하의 노동자로 대우하고 있기 때문에 그렇다. 인력시장 논리로 계산기를 돌리니 이런 사례가 벌어지게 되었다. 10년 동안 경력자나 신입이나 거의 같은 임금수준이면 누가 오랫동안 근무를 하겠는가 말이다.

현재 어르신 돌봄서비스를 받는 사람들은 20% 내외다. 최저임금은 오르고 요양병원도 40대까지 컸다. 간호조무사도 경력자와 초보가 월급 차이가 없으니 신입은 잘 안 뽑고 한의원도 요즘 원장들의 평균 나이가 젊어지고 있어 20대를 많이 선호한다. 무엇보다 간호조무사도 지금 포화 상태고 병원도 코로나19

유행으로 있던 사람도 해고하고 있는 것이 현실이다. 신종직업 군으로 쉽게 일자리도 구할 수 있다는 광고 이면에는 그만큼 이 직률과 힘든 노동이 숨겨져 있었다.

2008년 노인장기요양보험 제도가 도입되면서 요양보호사 제 도가 시행되었다. 초기에는 인력확보를 위해 누구나 일정 기간 소정의 교육 과정만 이수하면 요양보호사 자격증을 취득할 수 있었으나 2009년 말 요양보호사 자격 시험제를 골자로 하는 '노 인복지법'을 개정하여 2010년 중반부터는 요양보호사 교육기관 에서 교육 과정을 이수한 후, 자격시험에 합격해야만 자격증을 취득할 수 있게 되었다.

그러나 13년이 지난 지금의 요양보호사 교육기관과 재가복지 센터가 우후죽순 늘어나면서 인력 과잉 공급으로 일자리를 구하 기가 쉽지 않을 뿐만 아니라 치열한 경쟁으로 인해 많은 어려움 을 겪고 있다.

2021년 요양보호사 시급은 최저임금인 8,720원이지만 주휴 수당과 연차수당을 합하게 되면 11,009원이다. 월급으로 계산 하게 되면 182만 원~220만 원이 된다. 이것도 많이 쳐주는 것 이라 '어서 옵쇼'라고 비아냥거리는 요양기관도 많다. 물론, 그 외에 주 6일을 입주하여 일하는 요양보호사의 경우 월 320만 원 정도로 책정이 되어 있다. (24시간 Full Time)

이렇다 보니 제대로 모르는 분들이 '어? 요양보호사 괜찮네.

320만 원씩이나 주고~'라는 생각 정도로 진입하여 일하다 보면 힘들어 퇴직하는 경우가 다반사이다. 이에 반해 재가복지센터에 근무하는 방문요양보호사의 경우 초봉 기준 하루 한 가정을 방문하는 요양보호사는 월평균 60여만 원, 두 가정에서 일하면 120여만 원을 받는다. ^(하루 3시간씩) 이처럼 요양보호사라는 직업을 얻기 위해 전에 급여에 대해 자세히 알았다면 무턱대고 투자하지는 않았을 것이다.

요양보호사에 대한 사회적 인식에도 많은 문제가 있다. 일명 '국가자격증을 받은 공인 가정관리사^(구. 파출부)'라는 말은 우리에겐 너무나 공공연한 이야기가 되어버렸고 생계를 위해 일하는데 그저 용돈이나 버는 아르바이트생으로 착각하는 것 같다. 더구나 성희롱이나 전염병 등에 무방비 노출되어 있고 요양병원의 환자 빼내기 영업 등의 악습이 성행한다. 또한 '괜히 비싼 가정관리사^(구. 파출부) 쓰지 말고 싼값에 시키면 뭐든 다 하는 요양보호사를 부르라'라는 일부 소비자들의 인식도 요양보호사들을 참담하게 한다.

일부 요양보호사들은 주말에 병원 병간호 등의 아르바이트를 통해 소득을 보전하고 있으며, 휴식 없는 노동으로 인해 정신적, 육체적 질병의 위험에 노출되어 있다. 요양보호사가 가정관리사^(구. 파출부)인가? 다른 직업임에도 왜 가정관리사^(구. 파출부)가 하는 일들을 하게 만드는지 궁금하다. 그럴 거면 차라리 가정관

리사(구. 파출부)를 써야지. 어르신들을 돌봐주어야 할 시간에 주방
일을 시키는 것은 아니라고 생각한다.

"화장실 청소에 바닥 청소, 빨래부터 목욕까지, 완전히 가정
관리사(구. 파출부)죠. 요양보호사 자격증만 있다 뿐이지 이건 뭐
가정관리사(구. 파출부)나 다름없죠…"(57세 요양보호사)

"저 사람은 국가에서 보내준 가정관리사(구. 파출부)니까 맘대로
부려 먹어도 된다는 이런 생각을 합니다. 그러니까 막 대하는
거죠"(53세 요양보호사)

이처럼 주간보호센터에서는 요양보호사들에게 어르신들 식
사도 시키고 모든 잡일은 전부 맡게 만들곤 한다. 즉 요양보호
사들이 현장에서 겪는 큰 어려움 중 하나가 바로 불분명한 업무
영역으로 인해 갈등이 일어나는 것과 이용자 가족의 가사일, 밭
일, 청소 등 본래의 업무와 무관한 일이 당연하게 요구되고 있
다는 점이다.

고된 일에 비해 터무니없이 적은 임금과 요양보호사에 대한
서비스 이용자 및 가족들의 인식 부족으로 요양보호사를 가정관
리사(구. 파출부)나 잡부로 대접하는 등 부작용이 속출하는 것이다.

이러한 일이 반복되자 이제 요양보호사조차 낮은 임금과 열악
한 근무조건을 이유로 요양시설 및 재가시설 취업을 꺼리고 있
다. 간호조무사처럼 요양보호사의 노동실태는 저임금, 노동시

간 확보의 어려움, 고용의 불안정성, 불분명한 업무영역, 낮은 사회적 인식 등의 노동과정과 근무환경 등으로 정의 내릴 수 있다. 질 높은 요양 서비스를 운운하고 있지만, 그에 앞서 기본적인 근로기준법도 지켜지지 않는 근무 환경과 열악한 근무환경 개선을 위한 보호 규정의 마련이 시급하다.

국민건강보험공단은 장기 이용 대상자를 돌보는 것에 있어 왜 1:1로 하지 않고 민간인이 운영하는 재가복지센터를 거쳐서 일하는지 알 수가 없다. 요양원이나 재가복지센터가 우후죽순처럼 생겨나는 것은 분명 국민건강보험공단과도 직결된 부분이 있기 때문이란 합리적 의심을 해본다.

요양원과 재가복지센터 관리 감독은 어떻게 하는 것일까? 단순히 관련 서류나 인터뷰가 대상이 되어서는 안 된다. 프로그램 전반의 운영실태와 이행실적, 재무적인 상황 등 포괄적이고 세심한 검토가 필요하다. 국민건강보험공단이나 요양원, 재가복지센터가 업무지시를 하는데 그만큼 국민건강보험공단에서 장기요양 대상자들을 1:1로 관리를 해야 한다.

또한 장기요양 서비스도 국민건강보험공단에서 급여를 직접 제공하면 되는데 어째서 중개 기관과 마찬가지로 장애인활동지원사는 IL 센터를 통해서, 요양보호사는 재가복지센터를 거쳐 급여를 받게 하는지 이해하기 어렵다. 재가복지센터는 수수료 명목(임대료, 각종 관리비, 직원 임금 등)으로 20%~30%까지 공제 후 요양보호사나 장애인활동지원사에게 급여를 지급하고 있다. 재가 복지센터를 거치면 이처럼 급여도 차이가 발생하는 바 어떤 이유에서 중개 기관을 거치는지 이해할 수 없다.

보건복지가족부 요양보험운영과는 한술 더 떠서 해마다 '요양보호사의 노동조건에 대해서는 정부와 관계 부처에서도 주목하고 있다. 처우개선이라는 방법을 고려 중'이라는 말만 매년 되풀이하고 있다. 어디 이뿐인가? 인지능력이 없는 장기요양 1~2급 치매 환자를 돌보는 데에 있어 국민건강보험공단에서 지급하는 금액 또한 지역별로 다르다.

치매에 걸리신 노인들을 하루 24시간을 꼬박 지켜봐야 그저 220만 원 내외의 급여를 받게 된다. 이처럼 장기요양하는 분들을 보살피고 치매 걸리신 어르신 돌보는 것도 모자라 집안일 등 잡일까지 담당함으로써 요양보호사는 하루 24시간이 부족한 실정에 지쳐만 가고 있다. 그리고 요양보호사들이 끊임없이 부당하게 당하면서 지내는 일도 부지기수다.

그 예를 들어본다. 어느 주간보호센터에서 일어난 일이다. 4대 보험을 들어준다고 해 놓고 정작 한 번도 4대 보험을 요양원에서 내지 않아 요양보호사 집으로 독촉장이 날아오는 일이 발생했다. 그리고 1년이 다 되어가는 요양보호사에게는 퇴직금을 주지 않고 내보내려고 궂은일은 모두 시키고 괴롭히는 경우도 있었다. 대놓고 무시하고 부당한 업무를 주는 등 고통을 주면서

그만두게 만들고 있었다. 이런 대우를 받으면서 요양보호 일을
계속한다는 건 말도 안 되는 일인 것이다.

요양보호사가 가정관리사(구. 파출부)보다 못한 대우를 받으면
서 일을 할 수 없다. 정말이지 자괴감에 빠진다. 정부는 요양보
호사, 장애인활동지원사, 근로지원인들이 직업에 자부심을 품
고 일을 할 수 있도록 다시 한번 재고하기를 바란다. 심지어 보
건복지부는 요양보호사, 장애인활동지원사, 근로지원인을 우롱
하듯 홍보 영상까지 만들어 배포하기도 한다. 이를 본 대다수의
국민에게는 이들의 고충과 어려움은 가려진 채 그저 아름다운
천사들로 비쳤을 것이다.

여기에 더해 수급자들의 인식도 변화되어야 한다. 직접 겪은
사례로 병원 신세로 지내다가 2021년 1월부터 다행히 요양보호
사와 매칭된 분이 있었는데 요양보호사로서의 작업 외에 음식(반
찬) 만들기 요구, 여성 요양보호사 요구, 운전 요구 등으로 인해
이 직업이 대리운전기사인지, 가정관리사(구. 파출부)인지 착각할
정도였고 결국엔 이분들에게 불편하지만 장애인콜택시 추천을
드렸다.
또한 어떠한 수급자(보호자)의 경우, 매년 5월 1일은 근로자의
날이다 보니 주휴수당을 주기 싫어 한참을 고민하는 경우도 있
었다. 그리고 요양보호사가 요청을 받아도 해서는 안 되는 일이
있다. 석션 등은 자격 없는 자가 시행할 경우 본인의 의사가 아

니더라도 의료법에 저촉되어 피해를 보고, 형사처벌도 받게 된다. 덧붙이면 체중이 많이 나가거나 중증장애인을 돌보는 경우 몇 달, 몇 년 근무하다 보면 근골격계 문제로 심한 고통을 당하기도 한다.

이렇게 자꾸 본인들 생각만 하는 수급자가 적지 않다. 자신의 안위를 그나마 책임져주는 활동지원사가 심한 말로 몸종이 아니잖은가? 그럼에도 조금만 불편하면 중개기관에 연락하고, 그러면 100% 이용자가 갑이 되는 것이 현실이다.

우리나라의 장애인제도는 어느 정도 안착하였다고 보는 게 일반적인 시각이며, 모든 것을 다 채워줄 수는 없지만, 여기까지 오게 된 것은 이용자나 서비스를 이행하는 요양보호사, 간호조무사, 장애인활동지원사들의 노력과 결실이 덕분이지 않나 싶다.

이렇게 요즘 현대사회는 핵가족화가 되면서 자녀들이 부모님들을 돌봐드릴 수 없는 상황에 복지제도가 미흡했던 예전에는 어르신들이 일상생활이 어려워도 스스로 해결해야 했지만, 지금은 방문 요양 제도가 있어서 정말 다행인데도 근무인들은 적은 급여에 비해 업무 범위가 지나치게 넓고 직업에 대한 사회적 인식이 낮아 불합리한 처우를 받는 것이 현실이다.

사회복지법인
출연

자원, 자본이 부족한 대한민국은 경쟁력 있는 일자리 창출이 쉽지 않다. 그러나 신체적, 정서적 교감 능력을 개발하면 세계적인 경쟁력을 갖춘 일자리 창출이 가능할 것이다. 특히 고령화 사회이자 인공지능 시대에 휴먼서비스인 돌봄서비스는 직업, 건강, 행복을 위해서 절대적으로 필요하지만, 현실은 국가 지원으로 양과 규모는 성장했으나 질적인 발전이 너무 부족하다.

최중증의 환자를 대상으로 신체기능, 활동, 일상, 사회에 도움이 되는 고급전문 돌봄서비스와 인재는 거의 없다. 단순 돌봄서비스 직업은 인공 로봇 서비스에 밀려날 게 뻔하다. 또한 경제적 여유가 있는 중상류층은 고급전문 돌봄서비스를 원해도 준비되어 있는 인재가 없어 국내에선 서비스를 받을 수 없고 해외 등으로 나가기도 한다.

그렇다고 보건복지&사회복지인의 고급전문 돌봄서비스와 인재 개발과 발전에 세금을 더 쏟아붓기에는 현실에 맞지 않는 한계가 있다. 고령과 인공지능 시대에 인류의 건강과 행복을 위한 휴먼잡과 휴먼서비스인 돌봄서비스 산업의 종사자, 이용자, 국가가 함께 만족하고 발전시켜 세계를 선도할 수는 없을까?

그래서 신체적, 정서적 교감이 우수한 한국인의 장점을 활용하여서 고령화 사회와 인공지능 시대에 필요한 돌봄서비스 고급 전문 인재와 서비스를 개발하고 일자리를 창출하는 데 국가 예산에 부담을 주지 않는 정책 제안을 제시하고자 한다.

먼저 문제는 우후죽순 생겨나는 재가복지시설, 방문 요양 등의 난립이며 이대로는 안 된다. 모든 요양시설은 개인의 특성에 맞추어진 개인의 서비스를 제공해야 한다.

첫째로는 다양한 맞춤형 착한 서비스가 필요하다.

1. 치매 관리프로그램

거동이 불편하신 어르신께는 보행 3단계 훈련프로그램을 제공하여 신체기능 개선을 통한 삶의 질 향상을 도모하여야 하며 인지 기능이 저하된 분께는 '치매 선별검사'부터 '인지 기능 개선 프로그램', '전문의 진료'까지의 통합 서비스를 제공하여 치매로 고통받는 어르신의 삶에 도움을 주어야 한다.

2. 여가활동 프로그램

바둑, 장기, 화투 등의 놀이를 독려하여 구성원 간의 상호 대인관계 향상으로 소속감과 안정감을 느끼게 하고 종교활동을 지원하여 심리적 안정과 자신감 획득을 도와야 한다. 전문 국악인의 신명 나는 공연을 매주 진행하는 것도 좋은 방법으로 실내생활하는 데서 발생하는 무료함을 덜어 드릴 수 있어야 한다.

3. 건강관리 프로그램

주 1회 내과 전문의 회진을 통하여 만성질환 관리 및 기능개선을 위한 처방을 진행하고 생활하시면서 발생하는 감기나 소화불량 같은 기타 경증 급 질환들은 화상 원격진료시스템을 활용, 자체적 진료와 처방을 함으로써 보호자님의 부담을 조금이나마 덜어드려야 한다. 또한 신선한 제철 음식을 공급하여 영양 관리에도 틀림없어야 할 것이다.

4. 생활 지원 프로그램

어르신 개개인에 맞춘 욕구사정을 시행하며 욕구사정 결과에 따라 생활 지원계획을 세워 전 직원이 공유함으로써 일상생활에서 도움이 필요하신 어르신에게 배변 수발과 목욕 및 위생수발, 식사도움 등을 통합관리 하고 있어야 한다. 통합관리를 통하여 어르신에 대한 보호자님의 요청사항이 빈틈없이 인수인계되는 시스템을 갖추어 체계화된 요양 서비스를 제공할 수 있어야 한다.

5. 보행훈련 3단계 프로그램

보행이 불안정한 어르신을 위한 3단계 훈련을 진행해야 한다.

단계에 따라 요양팀, 재활치료팀과 함께 도움을 드려야 한다.

1단계(장기 미 보행자): 팔다리의 마비 증상으로 인하여 잘 쓰지 못한 근육
들을 풀어주는 '저주파 치료'와 '열 치료'를 진행.

2단계(단기 미 보행자): 다리에 근력을 키우기 위한 자전거 운동을 진행.

3단계(보행 불안자): 근력을 키운 후 지지력과 균형 감각을 익히는 평행봉
운동을 진행.

6. 욕창 치료 4단계 프로그램

욕창이 발생하지 않도록 욕창 초기에 욕창 매트 관리와 체위 변경을 체계적으로 해야 한다. 어르신의 건강과 영양상태에 따라 욕창이 진행될 수 있으며 단계별로 관리하는 것이 필요하다.

1단계(발적): 체위 변경

2단계(물집, 찰과상): 체위 변경, 드레싱

3단계(피하조직): 체위 변경, 드레싱, wet to dry, 파우더

4단계(근육, 뼈): 병원 연계, 전용 기기를 이용하여 관리
(진공 드레싱, 세포재생 연고, 항생제, 진통제 등)

둘째로는 요양등급 신청 서비스에 관한 부분이다.

'장기요양등급' 절차 안내

– 국민건강 보험공단에 '장기요양등급' 신청서 제출

- 공단 직원이 직접 방문하여 상태 평가
- 가까운 병원에 어르신을 모시고 가서 공단 양식의 '의사 소견서'를 작성
- '의사 소견서' 공단 제출
- 공단에서 직접 방문하여 상태 평가 내용과 의사 소견서 내용을 종합하여 등급 판정

이러한 사안에 대해 보호자께 통보하고 '장기요양등급'절차 진행이 어려우신 경우 등급 신청 진행에 도움을 드려야 한다.

셋째는 카톡 일대일 안내 서비스에 대한 부분이다.

보호자들은 요양원에 계신 어르신이 잘 적응하시는지 걱정을 많이 한다는 사실을 우리는 알고 있다. 이에 어르신 상태를 바로바로 상담할 수 있도록 카카오톡을 이용한 1:1 안내 서비스를 제공해야 한다. 카카오톡 1:1 안내 서비스를 통하여 담당 복지사님이 다른 업무로 사무실에 없을 때도 1:1로 문의 답변 가능하며 사진 및 동영상 등의 멀티미디어를 활용하여 보호자가 어르신의 생활 모습을 바로 확인하여 응대의 정확성과 질을 높여야 한다.

넷째는 비용 안심 서비스이다.

어르신 시설 이용 요금을 보호자 혼자서 부담하기는 어려움

이 많은 게 사실이다. 이를 해결하기 위해 형제 가족이 미리 약정한 비율로 자동분납이 가능한 서비스를 제공하고 어려운 경제 여건에서 서로 힘이 되어 주는 '가족 나눔 요금제'를 제안한다.

'가족 나눔 요금제'의 장점
- 여러 가족이 함께 비용을 나누어 부담이 적다.
- 가족 간에 통화할 필요 없이 매월 자동분납 출금으로 편리하다.
- 비용을 낸 모든 가족에게 명세서가 발송되어 정확하다. 더 체계화된 요양 서비스를 받아야 할 권리가 있다.

다섯 번째는 병원이송 서비스이다.

응급 상황 발생 시 바로 옆에 병원이 자리 잡고 있어 5분 안에 구급차로 지원 가능하며, 협력 기관으로 인한 본인 부담금 10% 할인 혜택을 받도록 해야 한다. 보호자가 바로 오실 수 없는 경우 간호팀에서 이송 지원해야 한다.

병원이송의 3가지 장점
- 대형병원 5분 이내 거리(빠르다)
- 병원비 10% 할인(저렴하다)
- 이송 대행 (편리하다)

여섯 번째는 화상 원격진료 서비스이다.

화상 원격진료 서비스는 보건복지부 및 가천의대와 협력하여 국내 유일의 화상 원격진료 프로그램을 운영하여 어르신의 급성기 증상 발현 시 즉각적인 대처가 쉬우며 경증 증상일 때 전문의 진찰 후 처방 및 투약을 할 수 있어 어르신 병원 이용에 의한 경제적 부담이 경감된다.

무엇보다 코로나19가 확산한 이후 자가 격리 생활이 길어지면서 자기 계발 붐이 일고 있다. 우리는 팬데믹으로 단 한 달 뒤의 삶도 예측할 수 없는 시간을 살고 있다. 누구 하나 예외 없이 변화를 받아들이고 유연하게 적응해야만 하는 어려운 시기이다.

그렇기에 코로나 시대의 책 읽기가 더욱 중요하고 삼삼오오 모여 서로의 지혜와 비결을 나눌 수 없다면 책을 통해서라도 찾아야 한다. 새로운 세상에 적응하고 살아남기 위해 준비해야 할 것들은 무엇인지 배우고, 읽고, 쓰기를 멈추어서는 안 된다.

좋은 습관을 만들고, 목표를 이루어 가는 다양한 기법들도 책을 통해 배울 수 있다. 무엇보다 책을 통해 얻을 수 있는 가장 큰 수확은 '내 식대로 생각하고 살아가는 방법'을 깨닫는 것이다. 책을 통해 얻은 사색의 기술과 나만의 창의력과 사고력을 더하면 세상을 살아가는 데 필요한 나만의 엄청난 무기를 갖출 수 있다고 본다.

꿈의 도서관
개관

　며칠 전 서평을 통해 오렌지님을 알게 되어 2027년에 개관될 '꿈의 도서관' 프로젝트에 대해 알게 되었다. 또한 협상전문가 피터배님도 알게 되었다. 아직은 '무엇을 하겠다'보다는 조금씩 알아가면서 아이디어도 내고 협업하면 좋을 듯싶어 참여하게 되었다.

　'꿈의 도서관'을 통해 청소년들이 좋은 책을 많이 읽고, 각자의 희망과 꿈을 크게 키워나갈 수 있기를 기대해 본다. 지식은 함께 나눌 때 비로소 빛을 발한다는 사실을 깨닫고 있다.

　청소년들이 자유로운 상상력을 바탕으로 꿈꾸고, 질문하고, 스스로 기획하는 꿈짱들의 배움 현장을 말이다.

Ⅰ. 목적
도서관 통합정보시스템 구축, 디지털 도서관 개관, 도서관 홈페이지 구축, 다양한 최신 전산 기술 도입으로 유비쿼터스 시대를 준비한 다양한 다중장치들의 지원과 사용자 중심의 맞춤형 서비스를 제공하여 지식정보 창출, 연구 향상성의 선도적인 역할을 수행

　용인시 관내 1층 세종대왕 행차 관련 사료 전시, 카페 및 강의실, 2층, 3층 도서관, 도서 대출실, 4층 도서 전시 및 상품 전시, 판매, 5층 소규모 행사장 및 작가 모임방, 청년 가게 등이 갖춰진 지하 3층, 지상 7층 규모의 지자체/민간 투자한 민간도서관 설립

II. 꿈의 도서관 장기 계획

1단계: 꿈의 도서관 TFT 구성(2021년)

　　　1) 사업 방향 설정

　　　2) 초창기 TFT 위원구성

　　　3) 사업 준비

2단계: 꿈의 도서관 법인 설립(2022년)

　　　1) 온라인 프로그램 준비, 사업착수(상, 하반기)

　　　2) 법인 설립

3단계: 온라인 사업 추진(2023년)

　　　1) 수익사업 운영

　　　2) 도서관 설립자본 확보

4단계: 꿈의 도서관 설립 추진(2024년)

    1) 부지확보

    2) 건설업자 선정

5단계: 꿈의 도서관 완공(25년)

6단계: 꿈의 도서관 개관(26년): 예산에 따라 준공 시기 달라질 수 있음

Ⅲ. 꿈의 도서관 온라인 수익 프로그램

1) 온라인 1인 사업자 강의 프로그램 플랫폼 사업

    ① 개인 전문 강사와 일반인 매칭 강의플랫폼 운영(예:클래스 101)

    ② 필요할 때, 개인 강사와 오프라인 만남 운영

    ③ 개인 강사 평가 시스템 도입하여 신규영임/퇴출 운영

    ④ 개인 강사 수수료 수입, 일반인 등록은 회원제 운용

2) 자기 계발 명품 멘토링 프로그램 사업

    ① 자기 계발에 유용한 도서 선정 후 프로그램 운영

    ② 우리 사업의 명품 프로그램으로 안착해야 함

    ③ 참가자들 실제 삶이 변화되는 강력한 변화 프로그램

    ④ 성공하는 사람들의 7가지 습관, 연금술사, Think and Grow Rich 등

3) 맞춤형 독서 코치 프로그램 사업

   ① 학생, 직장인, 주부 대상 맞춤형 독서 프로그램

   ② 학생 대상 마법의 독서프로그램 운영(독서 습관, 글쓰기 등)

준비된 자가 기회를 잡는다. 우리가 궁금한 것은 '내가 과연 이 길로 가는 것이 맞는가?' '과연 이 길이 내가 꿈꾸는 바로 그 직업이고 가서 잘할 수 있을까?'이다. 과연 이 분야의 전망은 얼마나 좋으며 내가 시간과 노력을 바쳐 공을 쏟는 만큼 또는 그 이상을 나에게 보장해 줄까? 나의 열정에 불을 질러줄 만큼 나의 흥미를 계속 끌게 해줄 직업일까? 무엇보다 내가 행복할 수 있을까? 하는 생각들이 많은 듯하다.

오늘에 이르기까지 기쁠 때나 어려운 시절에나 자신을 다잡아 보고 내가 걸어온 길을 돌이켜 본다. '자연인' 필자는 실제로 두 발로 땅을 밟으며 몸과 마음을 달래며 인생의 끝이 '죽음'이라 이름 붙여진 누구도 피해갈 수 없는 '무無'라면, 우리가 할 수 있는 일은 하루하루 좋은 사람들과 웃고 떠들며 즐겁게 보내려고 노력하는 것뿐일 것이라고 말하고 싶다.

우리는 실패하고 넘어지고 쓰러지고 타인의 평가 때문에 감쇄된다. 심지어 우리가 길 끝에서 발견하게 되는 것은 그리 대단한 것들이 아니다. 인생이란 스스로 세운 목표를 부정하며 '포기할 만하니까 포기하는 것'이 아니라 어쩌면 누구나 겪는 불행하고 고통스러운 일에서 누가 얼마큼 빨리 벗어나느냐의 싸움일지도 모른다. 내 안에 갇혀 세상을 원망하고 기회를 탓하는 것보다 삶은 그냥 살아나가는 것이다. 건강하게, 열심히 걸어 나가는 것이 우리가 삶에서 해볼 수 있는 전부일지도 모른다.

– 한 호흡 쉬어가며–

오 친구여,
우리는 이제 한 방울의 사랑이 되어
목마른 이들을 적셔야 하네
언젠가 우리 세상
흘러서 넘치는 큰 강이 될 때까지.
오 친구여

– 이해인 산문집 〈꽃삽〉 중에서

내가 아무리 고민하고 머리를 굴려봤자 인간이 할 수 있는 일에는 분명 한계가 있다. 내가 아무리 발버둥 쳐도 어찌해 볼 수 없는 일들이 있다는 명백한 사실 아래, 내 갈 길을 스스로 선택해서 걷는 것, 내 보폭을 알고 무리하지 않는 것, 내 노력으로 걷는 것.

잊지 말아야 할 것들을 깨달아 가며 다시 오지 않을 그 소중한 시간에 사회복지사, 활동지원사, 요양보호사로서 아낌없는 도전을 해본다.

이악물고 살아가는 사람들

쿠팡 물류센터에서 17:00~02:00까지 오후 조로 근무하는 이들의 삶을 조명해 보면 눈시울을 머금은 날이 하루이틀이 아니었다.

"신은 이를 악물고 조용히 살아가는 사람들을 사랑한다."

(The God love those silent ones who clench life between their teeth.)

세상에 공짜는 없다. 세상은 내 맘대로 살아지는 게 아니고 누구도 내 맘대로 움직일 수 없다. 그것이 세상을 살아가는 이치이다. 열심히 사는 것도 좋고 이를 악물고 사는 것도 좋다. 하지만 목적을 이루지 못했을 경우에 좌절할 필요는 없다는 것이다. 자신의 노력을 사랑하라고 이야기해 주고 싶다.

거칠고 모진 세월을 이겨내며 이 악물고 자식들을 위해 삶의 터전을 마련했던 엄마, 아빠들의 모습. 가족들과 오늘을 살아가며 조금씩 엄마, 아빠의 모습을 현실에 투영하면서 가끔 거울 속에 비친 자신의 모습을 바라보면 어떠한 생각이 드는가?

이 악물고 한번 억척스럽게 살아 보는 것이다. '이 악물고 버텼더니 살아남았다'라는 것처럼 내일은 나아지겠지, 좀 편해지겠지 생각할 수도 있다. 그러니까 짜증내고 투정 부려도 좋으니 같이 가야 한다. 우리가 살아가는 세상을 보고 있노라면 이를 악물고 이런 세상을 살아가겠다는 의지가 느껴진다.

50대 가장의 자살률이 급격히 늘어나고 있다는 보도가 있다. 사회와 가정의 중추를 이루는 이들은 경기 불황에 극도의 위기감을 느끼고 있다. 이런 때일수록 이를 악물고 뛰겠다고 다짐하게 된다.

그런데 누구나 성공적인 삶을 꿈꾸지만 건강을 잃으면 모든 것을 잃게 된다. 이빨은 몸 전체의 근육과 신경을 관장하는 통로가 모이는 관문, 건강관리에 매우 중요한 신체 부위기 때문에 혹자는 "성공하고 싶다면 이 악물고 뛰지 말라"고 이야기하기도 한다. 어느 쪽이든 선택하기 나름이겠지만, 하찮은 꿈이라고 해도 가슴 속에 깊은 꿈을 가지고 쫄지 말고 살아가라.

"괜찮아, 겁내지 마, 널 지켜줄게"

덤벼 봐, 이 악물고 옷매무새를 가다듬는 직장인, 어떤 말로도 어쩌지 못할 깊은 상실감에 휩싸인 취업준비생, 저마다 곤란한 하루하루를 견디며 쓴웃음을 짓는 그들은 수많은 이웃을 만나고 있다. 모두 나의 책 덕분에 만날 수 있었던 사람들이다.

필생의 역작을 지금 준비 중인데 나는 지금 이렇게 버텨내며 살고 있다. 그러니 괜찮다. 가보자. 더불어 기왕이면 우리 즐겁게 가자는 말을 전하고 싶다. 주변머리가 없어서 언제나 '말주변'을 다스리려 했으나 역부족이었다. 부족한 말들은 '침묵'으로 삭여 책을 통해 말하고자 한다.

직장생활을 통해 당신이 세상과 맞바꾼 심장, 그 심장이 피로에 지쳐 쭈글쭈글해졌어도 포기하지 말길 바란다. 더 이상 잃을게 없이 바닥을 경험한 사람들이 있다. 그럼에도 그들은 '또 다른 나'를 위로하는 데에 아낌없이 헌신하고 있지 않은가? 그들은 죽기를 각오하고 열심히 살아간다. 이를 악물고 머리를 흔들며 웃으려고 노력한다. 그러게 애쓰다가 찔끔 눈물을 흘리기도 한다. '사는 이유를 잃어 듣고 싶은 말'을 물었을 때 주먹을 부르르 떨며 눈가가 촉촉해지던 그들…. 그럼에도 그들은 죽음과 바꿀 수 없는 자신만의 파릇파릇한 생명력을 드러낸다.

이러한 만남은 거듭 말하지만 모두 내 책 덕분이다. 겸손을 배운 것도, 염치 있게 살아가려고 애쓰는 것도, 시간을 아껴 쓰려는 것도, 사람을 귀히 여기는 것도, 한계에 부딪히면 두말 없이 무릎 꿇고 기도하는 것도 모두 책 쓰는 과정에서 겪은 성찰 덕분이다.